大開運

日本ペンクラブ（国際ペン）正会員、
日本文藝家協会正会員
林 雄介・著

青林堂

はじめに

この本を読み終わったら、あなたは**必ず成功し、開運することが可能である。**もっとも、ほとんどの開運本が、書いてある通りに実行できれば、必ず成功するものである。それならなぜ、**あなたは、今まで開運できなかったのか？　願いが叶わなかったのであろうか？**そもそも人間の運命はどうやって、操作されているのだろうか？

あなたも、自分の運命、運勢のしくみがもしわかるなら、知りたいと思っているはずである。本書は、この一大テーマを研究した究極の開運本である。結論から書こう「**努力できる才能」を生まれつき持っているか？　どうか？**　で、人間の運命は大幅にコントロールされているのである。そして、生まれつきの運の総量と運がいつピークを迎えるか？で、あなたの運命が決まるのである。しかし、運を蓄《たくわ》え自分でコントロールすることで、神仏や守護霊等のプラスの存在に守護してもらえるのだ。そして、**あなたがどんなに不幸な人であったとしても、10倍、１００倍、幸運になる方法がある。この本には、パワースポットや神仏、守護霊《しゅごれい》等、あなたを幸福に導くプラスの存在と仲良くし、幸運になる方法**

が書かれている。イメージで霊界《れいかい》を作り、人生をハッピーに生きることもできる。想念術や引き寄せの本を読んで、開運できなかった読者も、因果応報《いんがおうほう》の法則や本書の目玉である「蓄運法《ちくうんほう》」による運勢・運命の改善を行えば「必ずあなたの願いは叶う」、そういう本である。

今までの私の本は、政治や経済、数学、受験勉強の本やスキルアップ、法律の作り方、コミュニケーション術の本等、人間の努力だけで願いを叶える方法を教えてきた。今回初めて、読者から長年書いて欲しいと頼まれていた、**人間以外のプラスの存在である神仏や守護霊の動かし方、運命そのものをコントロールする方法、運を蓄え必要なときに使う方法や寿命延ばし、先祖供養で開運する法、生霊《いきりょう》や邪霊等のマイナスの存在の祓い方、パワースポット等で開運する方法も取り入れた開運本を書いた。**令和の新時代を向かえ、少しだけ私の機も熟したのである。令和は、物質的にも精神的にも霊的にも、人が幸せにならなければいけない新時代である。

人間には、前世があり、死ねば霊界に行き、生まれ変われば来世がある。人は「前世、今世、来世」で平等になるように運命が決まっている。前世の徳で、今世に幸せになり、今世の罪で、来世は不幸になる。**前世と今世、そして来世の3つで、帳尻合《ちょうじりあ》わせがなさ**

れるのである。これが運命の大法則である。そして、生まれつきの幸運と不運もある。死後の世界の話はともかく、生まれつき幸運な人、不運な人がいることについては、あなたも感じていることと思う。では、生まれつきの幸運や不運、また運命はどこでコントロールしているのだろうか。それは、1点目は運の総量。2点目は、努力できる才能があるかどうか？　である。そして、多くの人が誤解していることがある。それは「**努力は報《むく》われる**」である。

やれば出来るという人がよくいるが、「**努力する才能がなければ、努力は続かないし、運がなければ、努力は報われない**」。100の努力が100の結果で報われるのは、中の上から上の下の運を持っている人だけである。普通の人は、100努力しても60報われるぐらいである。努力が必ず報われるためには運がいるのだ。神頼みが好きな人は、100の努力で1000の結果を得ようとする人がいるが無理である。100の努力が70で報われれば、相当運がいい。100努力して、30、50の結果しかでないから人は努力しなくなるのだ。100の努力で100以上の結果が出る人は、上の中以上の運を持っている人だけである。しかし、本書を読み、開運のトレーニングをすれば100の努力で100以上の結果が必ず出るようになる。

また、人の運命は環境で決まるというが、本当にそうだろうか？　生まれた環境で、人生が決まるのだろうか？　そういう面も否定はしない。私が、20代で『**この通りにすれば受験にうかる**』（たちばな出版）を書いたとき、東大、京大等の官僚になる人の家庭を調べたことがあるが、親が中卒、高卒の官僚も多くいた。ただし共通項はあった。「**お金がないので大学にいけなかったが、頭は良く両親が本をたくさん読んでいること**」。これが親の学歴が中卒、高卒でも難易度が高い大学に子供を合格させた親の共通点である。つまり子供を「**本好きに導くこと**」が、**究極の英才教育**である。幸せな人も、同じように共通点がある「**愚痴《ぐち》を言わないこと**」である。一方で、不幸な人を観察していても共通項があった。「**過去を引きずり、上司の批判をし、部下の悪口を言い、幸せな結婚をした同僚、お金持ちの同僚を妬《ねた》む**」のである。人間には「幸運のプラスのエネルギー（念）」と「不幸のマイナスのエネルギー（念）」の2種類がある。愚痴はマイナスのエネルギーなので、「**愚痴《ぐち》るとさらに不幸になる**」。愚痴《ぐち》り、恨《うら》み・妬《ねた》み・批判をすれば、１００％、不幸になる。

体制批判をしている活動家に不幸な人が多いのは、マイナスのエネルギーを出して他人を批判するからである。私は学生時代に自民党や民主党等の活動を手伝ったことがある。A元首相という人物がいるが、彼は**「絶対に人の批判をしない」**。正確には、ツイッター等で政権批判をしているが、純粋な子供と変わらないので**マイナスのエネルギーを全く出していない**。良くも悪くもピュアなのである。政治家で運がいい人は、ピュアである。A元首相も人間なので、多少恨《うら》みや怒りはあるとは思う。しかし、A家の資産は数百億である。妬《ねた》まれこそすれ、妬《ねた》む理由がない。ではどうすれば、**あなたも幸せになるのか？　それは、「幸せな結婚をした同僚がより、幸せになるように祈る」のである。お金持ちの友人がよりお金持ちになるように、真剣に祈ってあげるのだ。プラスのエネルギーを自ら発信し、プラスのイメージで「幸せな霊界」を作り、プラスの神仏や守護霊に守護されれば、誰でも簡単に幸せになれるのだ。少しのコツがあるだけである。そして、幸せな人間が「さらに幸せになるように祈ってあげられるあなたは、幸福な人である」**。

　しかし、本書で詳しく書くが、一点だけ注意して欲しいことがある。以前、商売をしている方と知り合い、「年賀状を出したいので住所を教えて欲しい」と言われ教えたことがある。届いた年賀状には、当時ベストセラーだった開運本に書かれていた台詞《せりふ》が書かれていた。ニュアンスとしては、「あなたが幸せでありますように」という意味である。しかし、私は年賀状を読んで気持ち悪くなったのである。「あなたが幸せでありますように」という文章の奥に、**「私が成功し金持ちになるためにあなたは幸せになれ」という、マイナスの執念**が年賀状にこびり付いているように感じたのである。また、私のところに来る読者からの相談でも、不幸な人の自分本位な相談の手紙が出版社から転送されてくる時には、イライラし腹が立つことが多い。

利己的《りこてき》な「祈り」は悪である。**エゴイストは開運できない。エゴイストを神仏も守護霊も嫌うのである。子供のような純粋さを守りながら、現実世界でたくましく生きる。そうすれば誰でも幸せになれるのだ。**ここに書いた話を私から聞いただけで、**その人の意識が変わり、その結果として行動が変わり、人生が好転した**読者が多数存在している。しかし、人はそれほど簡単には意識を変えられない。変わったつもりでも、変わったつもり、になっている人だけの人の方が多い。そこで具体例を交えつつ、誰でも幸せになれる方法を解説することにしたのが本書である。

なお、本書では、パワースポット、日本神界の神社の神々、霊界、先祖供養、守護霊、マイナスの存在である霊の祓い方等の解説もしているが、霊界の真相や神の存在証明をするつもりはない。**現実世界に生きるあなたが幸運になるために必要な最低限のスピリチュ**

アルの説明をしただけである。ゆえに、エーテル体とか霊界がどうなっているのか、ポルターガイスト等の興味本位の話は省《はぶ》いた。霊のことも、中途半端な知識で扱うと危ないので、一般的な開運に必要なこと以外の説明は省《はぶ》いた。同様に、**現在の神道系霊界論のルーツは江戸時代の国学者である平《ひら》田《た》篤胤《あつたね》の影響が大きい。**しかし、平田篤胤の著作は『古事記』等に基づいた宇宙誕生論からスタートする難解な著作である。そもそも開運を目的として書かれた本ではない。多くの読者は、**どのようなご利益、どう幸せになれるか？ に興味があるだけのはずである。**紙面の都合もあり、**あなたが幸運になるために知っておいた方が良いこと以外の説明は思い切って省いた。**御了承いただきたい。

◎**本書の読み方**：難しいと思うなら、**太字**のところだけ。あるいは、**開運レッスン**だけを読めばよい。そして、守護霊等のスピリチュアルな話が嫌いなら読み飛ばせばよい。スピリチュアル以外でも開運に効き目がある、真面目なノウハウも本書には散りばめておいた。**開運レッスンを試してみて実感ができたら、本書を繰り返し熟読していただきたい。**

林雄介

三大宗教の教え「愛と寛容」こそ開運の鍵である

聖徳太子の17条の憲法の和の精神が開運のキーワードである

開運レッスン「怒りのツボは、小指にある。小指をもめば怒りは消える」

怒りと憎しみを神にゆだねることで心が楽になる秘訣

開運レッスン「嫌いな人を赦す方法。地球の上で、ニコニコしている人類をイメージする」

人間は、小さなことでしか悩まないようにできている

神仏の知識がなければ神頼みしても開運しない

開運レッスン「神社では、神の姿は、衣冠束帯《いかんそくたい》を着た人間の姿をイメージすること」

神も仏もオールマイティーではない

開運レッスン「あなたも1分で仏様を呼べる秘伝」

片想いを成就させる最強のおまじないを伝授

受験に絶対に合格する想念術のやり方を公開

開運レッスン「想念術の秘訣は写真の活用である」

開運レッスン「入浴開運法。毎日、入浴する。入浴はケガレを祓《はら》う神道の禊《みそぎ》である」

第2章　大きな目標を持ち、努力すれば神が大開運させてくれる　59

神の声が聞こえたら邪霊と判断すること

運命は生まれてきた環境で決まる部分もある

開運レッスン「薔薇《ばら》の花びらを入れて入浴するとハッピーなことがやってくる」

生まれてくる環境は前世の因縁で決まる

ＶＩＰはスピリチュアルが大好き

退行催眠による前世鑑定は願望が見えることがある

Ａ宗の因縁切りをやれば誰でも成功できる理由

開運レッスン「元気がないときは、米のご飯を食べると大地のパワーをもらえる」

努力できる星の下に生まれたかどうかが運命を決定する

開運レッスン「受験の神は、天満大自在天神《てんまだいじざいてんじん》である」

ビリギャルやビジネス書に騙されてはいけない

開運レッスン「参拝しなくても、郵送祈祷してくれる開運神社はたくさんある」

誰でも時間さえかければ成功できる

世の中のためになることをして運の総量を増やそう

努力できない人は神頼みで改善する

開運レッスン「悪魔ですら、能力相応にしか守護してくれない」
無能な人間は悪魔ですら見捨てる
開運レッスン「ナンバーワン、ホステスになる方法」
悪魔は無敵の人を利用し人を不幸にする
悪魔は契約を絶対に守らない
「悪魔の手口」を知らないと不幸になる
開運レッスン「学問をすれば大成功する」
開運レッスン「願い事は紙に書き、封筒に入れ大切にしまっておく」
関西人こそ真の国際人である
開運レッスン「守護霊に頼めばオールマイティーに願いが実現する」
運勢そのものを変えるのは神社の神の仕事
開運レッスン「金運や出世の神頼みの方法」
神は人間の大先祖である
天皇とは日本教の大宮司である
日本に伝来した文化は必ず残る

開運レッスン「神や守護霊への効果的な頼み方」

開運レッスン「職場の人間関係を円滑化するお土産の選び方」

開運レッスン「純金は、財宝を呼び込む力がある。お金はお金を呼び寄せる」

開運レッスン「イメージ力で、金の延《の》べ棒《ぼう》を作りだせば、金運がアップする」

開運レッスン「金庫に金塊を入れておくと財産が増える」

開運レッスン「お金はお友達である。お金は、あなたの大親友である」

ギャンブラーはお金ではなくギャンブルを愛している

開運レッスン「紙幣が快適に過ごせるように、財布の紙幣の向きはそろえること」

開運レッスン「福沢諭吉や渋沢栄一《しぶさわえいいち》の研究をするとお金はとても喜んでくれる」

開運レッスン「貨幣《かへい》博物館や国立印刷局に行き、お金博士になること」

開運レッスン「お金を引き寄せる究極の瞑想《めいそう》秘術《ひじゅつ》」

開運レッスン「自分の身体の中に、お札を刷る印刷機があると確信すること」

開運レッスン「財布と靴は定期的に買い替えると、お金が入ってくる体質になる」

開運レッスン「スマホはお金を生み出す打出の小槌《こづち》である」

開運レッスン「通帳をコピーして残高を３桁増やすべし」

輪廻転生《りんねてんせい》で人は経験値をアップさせている
祈祷料は神の開運サービスの対価ではない
開運神社参拝のお作法
開運レッスン「三峯の大口真神《おおぐちまがみ》をお祀りし、トラブルを回避する」
皇居に降りる大嘗祭《だいじょうさい》の天界のパイプ
開運レッスン「天照大御神《あまてらすおおみかみ》と一体化している天皇陛下は人間パワースポットである」
眷属に願掛けすると不幸になる
開運レッスン「どうしても叶えたい願いは熊野本宮大社に神頼みする」
開運レッスン「邪霊祓いは大神神社《おおみわじんじゃ》と三峯神社が最強」
開運レッスン「大神神社《おおみわじんじゃ》の清めのお砂をまいて邪気祓い」
古事記、日本書紀を読めば神社の神は10倍、あなたの願いを聞いてくれる
開運レッスン「お墓と仏壇、幸せに繋がる先祖供養のやり方」
開運レッスン「先祖霊には般若心経より観音経をあげたほうがいい」
開運レッスン「死んだら前向きに成仏すること」
死んだ瞬間から来世はスタートする

開運レッスン「運命は徳を積めば変えることができる」
症状が出ている悪因縁《あくいんねん》は解決できる
開運レッスン「寿命も延ばすことができる」
悪因縁はお金で移動するのであくどい金儲けをしないこと
開運レッスン「家系図を作ることで因縁の傾向診断ができる」
開運レッスン「悪因縁の元凶になる先祖を調べ家系図に書く」
開運レッスン「先祖の死因と何歳で死んだかを調べ家系図に書く」
開運レッスン「家系図には一族の運勢が反映されている」
開運レッスン「運は子孫と来世に持越しが可能である」
開運レッスン「相続でもめる財産は貰わない方がいいものもある」
開運レッスン「転職しても人間関係は改善されない」
悪因縁は性格や好みに出てくる
開運レッスン「いい縁と悪い縁はセットで来る」
開運レッスン「不老不死の法」
開運レッスン「房中術《ぼうちゅうじゅつ》のやり方」

開運レッスン「大変なことを楽しまないといけない」
開運レッスン「どうすればタイミングよく生きることができるのか？」
開運レッスン「言魂《ことたま》が神を呼ぶ」
開運レッスン「『古事記』には、神々の働きが隠されている」
開運レッスン「神頼みしても神仏が動かないのはあなたの礼儀が悪いからである」
開運レッスン「目上から可愛がられている人は守護霊にも可愛がられている」
開運レッスン「人は必要なものほど否定する傾向があることを知ること」
開運レッスン「本当に運が悪い人はこの本を読まない」
運が悪い人は日本に生まれて来られない
開運レッスン「蓄運法とある政治家の物語」
生霊や邪霊があなたを不幸にする
開運レッスン「生霊祓いのやり方」
開運レッスン「マイナスの霊の祓い方」
開運レッスン「強力な助っ人の毘沙門天《びしゃもんてん》と不動明王《ふどうみょうおう》に守護してもらう方法」
開運レッスン「神道をベースにすれば誰でも大開運できる」

第1章

あなたが本当に開運するために知らなければいけないこと

◯必ずあなたが開運する方法がある

幻想《げんそう》成功本というジャンルがある。ほとんどのビジネス書や自己啓発本は、幻想成功本である。成功できると読者に幻想を与え、夢を売る本である。例えば、偏差値30～40程度の高校生が、半年程度の勉強で早慶上智に合格する本がベストセラーになった。ビリギャルである。あの本を読んで何人の受験生が**本当に早慶に合格したのだろうか？**　私はあなたに成功の幻想を与えない。しかし、必ず開運させる。努力できない人も、努力できるように改善する方法がある。運がない人も、運を補《おぎな》う秘訣《ひけつ》があるので安心して欲しい。

ナポレオン・ヒルという自己啓発本のロングセラー作家がいる。大富豪のカーネギーから教えを受けたという内容だが、**ナポレオン・ヒルがカーネギーと会った可能性は現在の研究では否定されている**。また、博士という肩書きをナポレオン・ヒルは強調しているが、高校を卒業後、ビジネス・スクール（専門学校）に通っただけであり、大学にも大学院にも進学していない。セーラム大学等で講演したお礼に名誉文学博士を授与されており、名誉博士号を博士と称しているだけである。もちろん、私は彼の学歴のことを重視しているのではない。学歴がある人間が成功するのであれば、大学教授やキャリア官僚は大金持ちばかりのはずである。実際はそうではない。

ノーベル経済学賞を授賞した複数の学者が顧問となり、米国の投資会社を倒産させている。私の大学在学中には、金融学の講義で、**もっとも破産者が多い職業は、経済学者。自分の理論を試そうとして、失敗して破産する経済学者は多い**と教わった。実際に、そうであろう。

ナポレオン・ヒルに限らず、数百〜千冊程度の自己啓発本を調べたが、**成功本には、似たようなことが書いてある**だけである。ナポレオン・ヒルも、**彼独自の成功ノウハウではなく、同時代に売られていたいくつかの本を上手くまとめマニュアル化しただけの成功本**である。とはいえ、ナポレオン・ヒルを読んで成功したという人物も多い。当たり前である。**自信を持て。まじめに働け。人より多く働け。成功を確信しろ。ポジティブに生きろ。目標達成を具体的にイメージしろ**と書いてあるだけだからである。これを勉強本に当てはめると、**１日３時間、過去問を解き、20年分、過去問を丸暗記すれば、受験に受かる**といっているのと同じである。司法試験にあてはめるなら、**１日３時間、１年１０００時間で、司法試験は受かる**といっているのと同じである。

私の親戚が、**1日10個、英単語を覚えれば、1年で３６５０個の英単語を覚えることができる。誰でも知っているけれど、できる人の方が少ない**といっていた。至言である。開運法や恋愛法も、金運ＵＰの方法、あらゆる成功法の類《たぐい》が同じだと私は思う。大きな成功原則はある。ただし、**やれない、続かない**のだ。例えば、**３年間、出社時間を５分早め、他の社員が出社する前に、デスクの拭き掃除をするだけで、必ず出世する。**しかし、99％の人ができないのだ。

1週間。1ヶ月くらいなら、できるだろう。しかし、3年となると続かないのだ。また、引き寄せの法則や想念術の類が定期的にブームになる。しかし、引き寄せの法則を書いている著者を調べてみると、**親の遺産が入った（要するに本を出したら親が死んだ。しかもそれほど長生きではない）**等、あまりハッピーと思える人生を歩んでいる人がいないのである。**イメージしたことは、いつか実現化する。**これは宇宙の真理である。仏教の奇跡、密教や法華経の法力もイメージしたことを実現化させる方法の応用である。ただし、**イメージしたことを実現化させる方法は、あなたの持っている運の総量を減らすのだ。**そのため、想念術等を行う場合は、**自分自身の運をコントロールしないと、宝くじに当選したり、恋人ができたり、出世したせいで必ず不幸になる。**この運のコントロールの方法は、あなたが永久に開運し続ける方法として、もっとも重要な部分である。そこで、5章で、詳しく解説する。**あなたが、永遠に幸せであり、開運し続けるためには、自分の運をコントロールすることがもっとも大切なことなのだ。**

◯開運レッスン「寝巻きや下着は毎日、着替えること。
パジャマは神社の人形《ひとがた》となり邪気を吸収できる」

衣服には自分や他人のマイナスのエネルギー（怒りや恨み）が溜《た》まる。神社では、6月、12月に、紙の人形に名前と住所を書き、お焚《た》き上げして、半年間の罪ケガレを祓う神事がある。邪気を人形に吸収させ、祓うのである。また、流し雛《びな》は、雛人形《ひなにんぎょう》に自分のマイナス・エネルギーを背負わせ川に流して、清める神事である。同じように、パジャマや下着を毎日、洗ったものに変えることで、1日のケガレを翌日に持ちこさないようにするのだ。

ケガレを祓う**リセット開運術といえる。**

○開運するには、自分が幸せであると確信する必要がある

自分が、幸せだと思えば幸せになる。自分がものすごく幸せだと確信すれば、あなたも本当に物心ともに幸せになる。そういう環境に改善されるのだ。あなたの不幸を誤魔化《ごまか》すために、自分が幸せであると暗示をかけるのではない。幸せであると確信することで、幸せを呼び込めるのである。**幸せを呼び込むためには、自分が幸せであると本気で確信する必要があるのだ。**幸せに、基準はない。客観的な幸せの基準などない。幸運か、不幸かを決めるのは、自分自身である。年収1000万でも、東大を出ていても、自殺する人もいる。収入や社会的地位で、幸せが決まるわけではない。とはいえ、お金もあった方がいい。美味しいものを食べ、いい家に住み、お洒落《しゃれ》に過ごした方がいい。欲しい物を買い、子供にいい教育を受けさせるためにはお金がいる。そこで、第3章では、お金の稼ぎ方、お金に困らない方法を解説する。人は、物心《ぶっしん》共に豊かなときに、本当に幸せになれるのである。それでも、一番重要なことは、幸せという感情を、今、この場で持つことである。**幸せという感情をあなたが持つことが、あらゆる幸せを呼び寄せ、大開運する重要な鍵**になるか

らである。

◯開運レッスン「逆暗示《ぎゃくあんじ》の法則に打ち勝つ。だんだん、私は幸せになっていく」

自分は、幸せだと暗示をかけようとしても、**自分は不幸だという思いが強いと、幸せという暗示をかけるほど、不幸になっていく。**これが、逆暗示である。19世紀のフランスの暗示療法家のエミール・クーエが考案した「**日々、ますます私はよくなっていく**」（Day by day, in every way, I'm getting better and better）という古典的な暗示文は、逆暗示を防ぐ暗示のテクニックの１つである。自己暗示をかけるのが、苦手な人は、**だんだん、私は幸せになっていっているという**暗示文を唱えるのが効果的である。金銭問題であれば、**日々、だんだん、私は裕福になっていく**と朝晩、自分に暗示をかけるのだ。**１分でできる潜在意識《せんざいいしき》を使った開運暗示法である。**

○あなたに不幸を呼び寄せるポリアンナ症候群に陥《おちい》るな

日常生活の中で、小さな幸せをみつけるポリアンナ物語という米国の児童文学がある。世界名作劇場で、アニメ化されたので、知っている人もいるだろう。主人公ポリアンナは貧乏である。それでも、父親から教えられ、日常生活のあらゆることに幸せを見つけ出す。知足安分《ちそくあんぶん》という言葉がある。**身の丈《たけ》にあった幸せを求めた方が幸せになれる**という意味である。老子の**足《た》ること知るものは富む（身の丈の幸せを知っているものが、本当に豊かな人である）**から派生した言葉であろう。**幸せは、どこにでもある。どんなに貧乏でも、病気でも、悲惨な環境でも、自分が幸せだと思えれば、幸せなのである。**本当にそうだろうか？　配偶者がＤＶをしてくる。それでも、今日は幸せであったと自分に暗示をかけ生きていく。ワーキング・プアで、働けど働けど生活は楽にならない。それでも、**自分は幸せであると**確信する。もちろん、こうした仏教や老荘《ろうそう》思想のような幸せ感も重要ではある。

しかし、**これは間違ったポジティブ・シンキングである。**あなたがＤＶを受けているなら警察や弁護士に相談すべきである。給料が極端に低ければ、転職したり、スキルアップしたり、生活保護の相談をすべきである。そして、どうやったら収入が増えるか？　を考えるべきである。**専門家に相談して、勉強し努力すれば改善可能なことも多いのである。**現実的に幸せになる方法を知らないために、不幸な環境にある人も多いのだ。責任感の強い人は、他人に頼ることを嫌がる。それは美徳でもあるが、人は１人では生きていけないのだ。**他人を頼ることを怖れてはならない。他人に頼ることは、恥ではないのだ。**

○開運レッスン「いつも感動していれば、幸せになれる。ワクワク開運法」

ワクワクすること。ワクワクするような日々の演出が大切である。

幸せというのは、プラスの感情である。プラスの感情を持ち続けるには、ワクワクするような環境を自分で演出する必要がある。**感動するような日常生活の演出が開運につながるのだ。**

花を飾る。美味しいものを食べる。温泉に行く。映画を見に行く。海外旅行をする。**人生は感動探しの旅である。**

○開運レッスン「ミニ太陽をイメージすると、超開運エネルギーがいただける」

自己暗示だけでは、なかなか、明るい気分になれないものである。そこで、太陽をイメージする。密教の日輪観《にちりんかん》の応用である。天照大御神《あまてらすおおみかみ》は、日の神。太陽の神である。目の前に、30センチ〜50センチの大きさのミニ太陽をイメージし、伊勢の天照大御神がその太陽に宿《やど》っておられると確信することが開運する秘訣《ひけつ》である。天津祝詞《あまつのりと》や光明真言《こうみょうしんごん》を唱えながら、イメージするとさらにパワーアップする。

○エゴイストは、絶対に開運できない

なぜ、あなたは、幸せになれないのだろうか、思ったように開運できないのだろうか？

ここで、1度、考えてみて欲しい。私は、大学時代から本を書いている。そのため、読者から大量の相談が来る。そこで、相談から見つけ出した、幸せになれない理由をいくつか書こう。幸せになれない理由がわかれば、それをあなたが避ければ、幸せになり開運す

ることができるからである。

エゴイストは幸せになれない。

私が最初に受けた相談は、小学校時代に、同級生の女の子達からの恋愛相談であった。その後、本を書き始めたので、ありとあらゆる相談、法律はもちろん、恋愛、仕事、転職、家族関係、あらゆる相談が持ち込まれた。その中でいくつか、気づいたことがある。

その中でも、**もっとも重要な不幸になる原因は、自分本位な人である。エゴイストは必ず不幸になっているのだ。**自分本位なエゴイストを神は嫌う。そして、人も嫌う。自分ではなく、周囲が悪いという相談も多いのだが、客観的に考えて、本人がエゴイストだから、自分で自分の首を絞め、不幸になっていっているのである。

○あなたが、1日で幸せになれるプラスの価値観を持とう

それでは、自分本位ではない生き方とは、どういう生き方であろうか？

嫌いな人の幸せを真剣に祈り、腹が立つ相手の開運を心からイメージできるという生き方である。

この方法をマスターすれば、必ずあなたは、あらゆる意味で幸せになれる。

では、どうすればマスターできるのか？

ポイントは、自分と自分の周りの人、最後に全人類の幸せを祈る。これだけである。

私もあらゆるところで、批判をされている。それが愉快か？　というと、愉快ではない。

しかし、私を批判してくる人の幸せも私は心から祈っている。

好きな人の幸せは、誰でも祈れる。難しいのは、私のところに、霊能者の方でも、よく相談に来るが「ネットでインチキ霊能者とか、カルトの教祖」と罵倒《ばとう》してくる相手の幸せを祈れる霊能者、スピリチュアリストというのは、少ないのだ。逆に、不動明王《ふどうみょうおう》等を召喚《しょうかん》して、**相手に天罰をくらわそうとしている人もいる。**気持ちはわからなくもない。確かに、アンチや批判者の幸せというのは、こちらも腹が立つので祈りにくい。しかし、ここに**あなたが大開運する秘訣がある。**この**ノウハウだけ覚えたら1日で開運できる。**それくらい凄い秘密である。

◯開運レッスン「嫌いな人の幸せを祈るときは、人類の1人としてカウントすると腹が立たなくなる」

これは5章の生霊祓いや人間関係改善を神に頼む時等に使う**基本中の基本の開運テクニック**なので最初に覚えて欲しい。**人類80億人の中に、自分の敵をいれる。そして、人類の幸せを強烈に、真剣に祈るのだ。**個人として、自分のアンチやライバルを入れて、相手が開運するように考えるのは難しい。私もできない。秘訣は、大きな単位で祈ることである。嫌いな人、例えば、嫌いな家族やパワハラしてくる上司、使えない部下、アンチ、そういう人は、全部、人類枠《じんるいわく》という大きな枠の中に入れて、**嫌いな人、憎い人の幸せを祈る、念じる、イメージしてあげるのだ。**これが、あなたを大開運させる秘訣である。

○三大宗教の教え「愛と寛容《かんよう》」こそ開運の鍵である

イエス・キリストも言っているではないか？「**汝の敵を愛せ**」、「**汝の隣人《りんじん》を愛せ**」キリスト教は、世界3大宗教の1つである。何十億の信者がいる。キリスト教のエッセンスは愛である。**愛だ。**マザー・テレサが言っているではないか？「**愛の反対は憎しみではなく、無視である**」と。「**汝の敵を愛せ。隣人や家族を愛せ。敵を赦せ**」世界三大宗教のエッセンスが愛なのだ。ちなみに、仏教のエッセンスは**慈悲と寛容である。**諸行無常《しょぎょうむじょう》、諸法無我《しょほうむが》もあるが、あれは釈迦が悟った境地の話である。実際のエッセンスは**慈悲と寛容**だ。イスラム教は**清純、ピュア**がエッセンスである。また、コーランには繰り返しアラーの教えとして**寛容の大切さ**が出てくる。**アラーは寛容だから、飢え死にしかかったら豚肉を食べてもよい、神は寛容だから気にしない**とコーランには書いてあるのだ。

○聖徳太子の17条の憲法の和の精神が、開運のキーワードである

日本仏教の祖である聖徳太子の17条の憲法のエッセンスは第1条の「**和をもつて尊《とうと》し**」である。日本の神は調和、和の精神を重んじる。日本の神仏は、神道をベースに霊界が出来ているので、調和を尊ばれるのである。もちろん、聖徳太子も戦《いくさ》をしているので、無条件の和の尊重ではない。17条の憲法の最初に、和を大事にしよう。みんな仲良くしようと書いてあるということは、**聖徳太子が17条の憲法を書いた時代の貴族の仲がとても悪かったということである。**豪族同士で殺し合い、**蘇我《そが》氏が天皇を暗殺するような時代**である。和の精神を憲法の1条に入れざるを得まい。つまり、**敵を愛すること、仲良くすること、寛容であること、慈悲を持つこと**は、世界三大宗教のエッセンスであり、17条の憲法の第1

条に入れる必要があるレベルで、難しいことなのだ。

それならば、どうやって、あなたは嫌いな人を愛すのか？　なのだ。その方法は、先ほど書いた嫌いな人を個人として意識せず、人類という大きな枠の中に入れて、その一人として、嫌いな人を愛するという方法なのである。

○開運レッスン「怒りのツボは、小指にある。小指をもめば怒りは消える」

ある心理療法では小指が怒りのツボであると教えている。そこで、**右でも左でもいいので、嫌いな人と会うときに、小指の爪の付け根を、相手にわからないように揉《も》みながら、接《せっ》するのだ。これは、とても簡単な方法だが、やってみるとその効果に驚くであろう。**

○人を恨むと自分のマイナス・エネルギーで不幸を呼び込んでしまう

今回の本の最大の秘義は、嫌いな人を個人として識別《しきべつ》せず、人類の中の一人として、嫌いな人の幸せを祈るという方法である。なぜ、嫌いな人の幸せを祈るのか？　**怒りや恨み、**

嫉妬《しっと》等のマイナスのエネルギーは、あなたの魂を欠けさせる。マイナスのエネルギーを出して、魂が欠けると情緒不安定になり、些細《ささい》なことにイライラし、あなたを不幸にするからである。スピリチュアル的に解説すると、生霊《いきりょう》である。

○怒りと憎しみを神にゆだねることで心が楽になる秘訣

それでは、どうすれば、敵を愛せるようになるのか？　**神に全部ゆだねること**である。これはキリスト方式だ。神がイエスを十字架にかけると決めたのであれば、その神を信じ、磔《はりつけ》にかけられて死んでいく。磔刑《たっけい》というのは、ローマ帝国で一番重い反乱者に対する処刑法である。見せしめのなぶり殺しが磔刑である。**１２０％、全てを人間を越えた絶対者にゆだねるのだ。**しかし、この方法は、難しい。キリスト教は十字軍、近年は湾岸戦争やイラクでも戦争をしている。愛を掲《かか》げる絶対者に帰依《きえ》した人々がやることではあるまい。

また、**ゆだねるという行為は、思考停止につながる。**オウム真理教やＩＳのようなカルトに己を、ゆだねたら、テロに加担《かたん》してしまうことになる。絶対者にゆだねるにも、**人間の智恵と知識が必要なのだ。**

そこで、**私は神にゆだねつつも、人類という大きな枠の中に敵を入れる方法をおススメする。**ミクロ（ご近所）の敵を、マクロ化（人類）することで、具体的な敵から抽象的《ちゅうしょうてき》な敵に変化させ、怒りを弱めるのだ。敵を愛そうと思っても、嫌いな人をイメージすると、その人から悪口を言われたとか、騙《だま》されたとか、振られたとか、怒りと憎しみの念が出てくる。**マイナスのエネルギーを放出《ほうしゅつ》してしまうのだ。**人間は、根拠もなく、人のことを敵視しない。相手にマイナスの印象があるということは、あなたは、相手の嫌な部分をイメージしているのだ。自分がやられた酷《ひど》いことを思い出すと、むしろ呪いたくなるはずである。**これでは、開運とは、逆効果である。**

◯開運レッスン「嫌いな人を赦す方法。
地球の上で、ニコニコしている人類をイメージする」

30センチくらいの地球をイメージする。目の前に小さな地球があるとイメージするのである。人類は80億人いる。最初に、地球をイメージして、そこには、ニコニコ笑っている人類がいる。いろいろな国の人、人種、民族がいる。

絶対数で考えてみよう。あなたの嫌いな人が10人でも8億分の1である。１００人でも

8千万分の1である。銀行に行き、10万円を全部、1円玉に両替し、1円玉に目印をつけて、10万個の1円玉の中にいれて、見つけられるだろうか？

10万分の1でも無理である。あなたの嫌いな人を人類の中に入れて**幸せを祈り、プラスのエネルギーを出す**という作業は、80億円分の1円玉の中から、目印をつけた1円玉を見つけられるか？　というワークである。無理であろう。

嫌いな人を、人類の中の一人にして、敵を愛するのだ。残りの約80億人はあなたの嫌いな人ではない。嫌いな人を愛するには、**あなたがイメージする集団の母数を増やせば良いのだ。**

○人間は、小さなことでしか悩まないようにできている

人間は、小さなことでしか悩まないようにできているのだ。もしも、自分の虫歯や体調不良より、アフリカの内戦や飢《き》餓《が》が心配な人がいたら、それは偉人である。虫歯の治療をしなければ、悪化したら、虫歯で死ぬ。病気も悪化すれば、死ぬこともあろう。**人間が、利己的であることは、種として人間が生き残るために必要なこと**なのだ。完全に利己的で

なくなれば、**肉体を持った人間は生きて生けなくなる。**利己的な人や自分勝手な人は、種を保存するための本能に従っているだけなのだ。**不幸になるのは、利己的すぎる人や自分勝手すぎる人なのだ。**生きていくために、適度に利己的、自分勝手なのは仕方がないことである。人間は、適度に悪の要素がなければ生きていけない。馬鹿正直な人間は、詐欺《さぎ》の餌食《えじき》になるだけである。**悪人に騙されないためにも、あなたには悪知恵も必要なのだ。**

○神仏の知識がなければ、神頼みしても開運しない

あなたに神の知識がなければ、神はあなたを幸せにしてくれないのである。神のことを学べば、神はあなたのことを幸せにし、開運させ願いを叶えてくれるのだ。あなたは、神社やお寺に、お参りしたことがあると思う。初詣《はつもうで》や厄除け、厄年の厄祓い等で、神社やお寺にお参りすると思う。パワースポットに行く人も増えてきた。しかし、いまいち、ご利益が実感できない人も多いと思う。ご利益が実感できない理由は、なぜであろうか？ポイントは3つある。

原因1．その神社やお寺に神仏がいない

原因2．あなたの祈り方が間違っている、頼む神を間違えている

原因3．願いを叶えるとあなたが不幸になる

原因1については、4章で詳しく説明する。まず、最初に原因2の「**あなたの祈り方が間違っている、頼む神を間違えている**」のケースを説明しよう。神仏には得意分野、不得意分野がある。病院でも内科、外科、小児科、婦人科、耳鼻科等の専門分野があるのと同じである。**そして、あなたが、きちんと神仏とコミュニケーションができているか？**が、神仏に願いを叶えて貰うポイントとなるのだ。**神も縁結び、病気治し、出世、資金繰り、トラブル解決、様々な得意分野がある。**

○開運レッスン「神社では、神の姿は、衣冠束帯《いかんそくたい》を着た人間の姿をイメージすること」

もし、イメージが、難しければ光の玉か、太陽が本殿の中の鏡の前で輝いているとイメージすること。

神というものに対して、イメージが湧《わ》きづらいと思う。**神社の神は、人間の姿をして、人間と同じ衣服を着ている。人間の姿と格好をして、神々しく光輝いているとイメージす**

ればいい。天皇陛下の即位の礼で、天皇・皇后両陛下がお召しになっていたような服を、神は着ている。しかし、人間の世界もモールス信号から無線、電話、ネット、ＰＨＳからガラケー、スマホと手段が進化したように、人間の衣服が弥生時代と現代で違うように、**神の衣装も進歩している。**現代風の洋服を着ている神もいる。そのため、和装から洋装、両方が集う、皇室の宮中晩餐会《きゅうちゅうばんさんかい》の風景をイメージしていただければ、**最新の神の衣装から古い神の衣装まで、お姿はイメージできると思う。**イメージしにくい時は、**神社の本殿の奥で何か尊いものが光っているというイメージで、**お参りすると良い。または、本殿の鏡の前で、**太陽がピカピカ輝いている姿をイメージしてもいい。**

○神も仏もオールマイティーではない

次に、神の専門分野の特定である。神には専門分野がある。得意分野があるのだ。そして、不得意分野がある。**神も仏もオールマイティーではない。基本は『古事記《こじき》』や『日本《にほん》書紀《しょき》』、『古語拾遺《こごしゅうい》』や神社の来歴等を読み、そこから神の得意分野を探すのだ。**『古事記』や『日本書紀』の天孫降臨に出てくる武甕槌大神《たけみかづちのおおかみ》や経津主大神《ふつぬしのおおかみ》（香取神宮《かとりじんぐう》）は、武の神である。**大神神社《おおみわじんじゃ》の大物主大神《おおものぬしのおおかみ》は、邪霊を祓うことができる。**疫病《えきびょう》が流行した時に、天皇の夢枕に現れ、自分を祀れば祟り（邪霊）を消滅させ、国は安泰《あんたい》であるとお告げを出したのだ。必ず、神社にはご利益、得意分野がわかる来歴がある。例えば、岐阜県の美濃一宮南宮大社《なんぐうたいしゃ》は、金山彦命《かなやまひこのみこと》を御祀《おまつ》りしている。金山彦神というのは、金属の神である。全国の刃物屋さんが、金山彦神を信仰している。宮城県の金華山《きんかざん》には黄金山神社という神社があり、ここも金山彦神をお祀りしている。東大寺を聖武天皇が建立《こんりゅう》した時に金華山で金が取れたので、鉱物の神様である金山彦神を御祀《おまつ》りしたのだ。金山《きんざん》の守護をしていたので、**金運の神として、金山彦神が有名になったのである。**実際には、金山彦神は、**金運に繋がるアイデアを授けてくれる神である。**金を見つけるのは大変である、採掘も命がけの作業である。**金運とは、大変な苦労があって手に入るのだ。宝くじ当選を金山彦に祈っても、当選させてくれることはない。そんな働きは金山彦神にはない。社《やしろ》を邪霊に乗っ取られた神社が宣伝しているだけである。**この神の来歴の部分を知っていると、神社で神のことをイメージしやすくなるのだ。

○開運レッスン「あなたも1分で仏様を呼べる開運秘伝」

仏教のお経には、不動明王《ふどうみょうおう》や毘沙門天《びしゃもんてん》の姿、功徳《くどく》が書いてある。**姿をイメージして、功徳《くどく》を唱えて、こんなに功徳が大きい仏様だから、本当にありがたいなあという気持ちに心から、人がなった時に、仏が降臨《こうりん》するのである。**神も仏も原則は同じである。

○片想いを成就させる最強のおまじないを伝授

宗教の本を出してから、スピリチュル系の方や占い師等の相談が激増した。そうした相談の中には、**地獄に落ちてもいいから、絶対にこの男性と結婚したいのでやり方を教えて欲しい**というものも多い。やり方は簡単である。**紙に男と女が手を繋いでいる全身像の絵を描いて、自分の名前と相手の名前をフルネームで絵の中に描いた人の中に書いて、ニコニコと嬉しそうに、２人が笑っている姿を描いて、２人は結婚していると確信する。**そして、何年何月何日に結婚式をあげ、結婚式には誰を招待し、ニュージーランドに新婚旅行にいき、結婚後はこういう部屋に、2LDKの目白の家賃15万円の部屋に住んで、というように、**事細かに、ものすごく具体的にイメージして、すでに実現した**と確信する。

マーフィーの法則や引き寄せの法則、いわゆる想念術や白魔術の類は、全部、このやり方である。密教も、同じ理屈でやっている。ただし、あとで必ず不幸になる。本当に地獄に落ちるので、やってはいけない。やるなら、この本を全部読んで、正しい神頼みと努力をしながら、想念術を併用するのだ。

○受験に絶対に合格する想念術のやり方を公開

受験合格も同じで想念術を使う。早稲田大学志望なら、「早稲田の戸山《とやま》キャンパスに通って、高田馬場の8万円のワンルームに住んで、仕送りが8万円だからバイトで5万円、奨学金で5万円生活費を工面して、サークルはアナウンス研究会とオールラウンド・サークルを掛け持ちして」と、具体的に、**大学生活を送っているイメージを頭の中にしつこく描《えが》き続けるのだ。**受験は勉強しないと受からないので、『この通りにすれば受験にうかる』(林雄介著、たちばな出版)や『絶対スキルアップする公務員の勉強法』(林雄介著、ぎょうせい）を書いたが、**受験の場合は、合格して学校に通っているイメージを描き続けながら、受験勉強することが合格の最大の秘訣である。これは、努力を前提とした健全な想念術なので、地獄に落ちることはない。どんどん良いイメージを描いて合格して欲しい。**

○開運レッスン「想念術の秘訣は写真の活用である」

想念術の秘訣は、具体的にイメージを描《えが》けるか？　どうかである。そこで、受験なら志望校に行き、通っているイメージを持つことが重要である。結婚も結婚式場や新居の見学に行き、結婚式をこういう風にやってと本当に実現しているように確信するのだ。部屋も同居できるように、枕や歯ブラシを恋人の分、用意するのだ。**想念術は、そこまでやらなければ実現しないのだ。**自分が願う結果、結婚式場や志望校の写真をスマホの待ち受けにし、通学している、結婚式をあげると自分に信じ込ませるのである。

○開運レッスン「入浴開運法。毎日、入浴する。入浴はケガレを祓う神道の禊《みそぎ》である」

邪気を祓うには、入浴が一番である。シャワーも神道の禊《みそぎ》と同じでケガレを祓ってくれる。毎日、入浴するだけでも開運効果がある。マイナスのエネルギーを受けた、自分がマイナスのエネルギーを出していると思ったら、シャワーを浴び、入浴する。そして、**塩（天然の岩塩が良い）を小さじ一杯、浴槽《よくそう》に入れるのだ。**塩には邪気を祓う効果がある。**また、塩には悪いものを固め封じ込める働きもある。だから、お祓いに塩を使うのだ。**

神道は清潔主義である。ケガレを溜め込まないために、神社の境内《けいだい》を綺麗にしているのだ。また、邪気をためないためにも、バスタオルは、毎日、変えるべきである。

○願いを叶えたらあなたが不幸になるケースがある

原因3の「**願いを叶えるとあなたが不幸になる**」というのは、どういうことだろうか？

例えば、願いを叶えたら、不幸になる恋愛がある。私のところには、恋愛以外にも、離婚の相談も多い。浮気されたり、ＤＶされたりするという相談である。ＤＶやパートナーの浮気でも、３回ぐらい、同じパターンが続いたら、恋愛の悪因縁《あくいんねん》の可能性が高い。３人の男性と付き合って、３人とも、浮気されたとか、ＤＶされたとか、同じパターンが続く場合、恋愛運はない可能性が高い。恋愛運というより、結婚運、家庭運が弱いのだ。この男性と結ばれたら、１００％、浮気されるということが、あなたを守っている神や守護霊《しゅごれい》にはわかる。神や守護霊は未来が見えると書いたが、あなたのことは守護霊が必ず守っている。守護霊というのは、高級先祖霊である。神や守護霊は未来が見える。前世も、今世も、来世も知っている。**そこで、願いを叶えて、結婚させたら、ＤＶされたり、浮気される場合は、祈れば祈るほど、神社で恋愛成就の祈祷をすればするほど、相手との仲が悪くなっていき、そして縁が切れる。**そうすることで、あなたを守っているのだ。

○マイナスの霊があなたを不幸な未来にミス・リードする

　ちなみに、神や守護霊の反対側の立場の存在、あなたを不幸にしたいと思っている邪霊にも未来が見える。邪神や邪霊等のマイナスの存在は、「**あなたを不幸にしようと思った**

ら、**この人と付き合ったら、１００％、浮気される、ＤＶされる**」そういう異性を好きにさせるのである。マイナスの存在というのは、感情をコントロールできる。異性の好みを操ることができる。あなたと異性、両方の感情をコントロールして、性欲をわかせるのだ。好きにさせるのだ。どうやって、感情をコントロールするのか？　**脳やホルモン分泌《ぶんぴつ》を少しいじれば性欲や感情を変えることができる。**そうすると、「つい、盛り上がってしまい、なんとなくＳＥＸをしてしまい、お付き合いがはじまって、ＤＶされる。浮気されて、不幸です」ということになるのだ。男性でも女性でも、いやらしい意味で、性欲が刺激される人がいる。これは、マイナスの存在が憑《つ》いて、異性の性欲を刺激するのでそう感じるのだ。**こうしたマイナスの存在は、祓《はら》うことができる。運命を変えるのは難しいが、マイナスの存在を祓うことは不可能ではない。**しかし、マイナスの存在を祓っても、運命を変えていないので、別の部分で不幸にはなる。これは、前世の悪因縁が関係しているので、詳しいことは後述する。

○引き寄せや想念術は、使い方を間違えると不幸になる

想念術や引き寄せの類をやると、生まれつき運がいい人はいい。想念術や引き寄せは、運が減るという欠点があるのだが、これも5章で詳しく説明する。**恋愛運がない人が、想念術や引き寄せの類で引き寄せると、自分を不幸にするような異性を引き寄せるか、運そのものが激減して、別の部分で不幸になる。**以前、読者から、「なぜ、想念術や引き寄せではなく、神頼みを読者に奨めるのか？」という質問があった。**その読者に運がないからである。恋愛運が弱くても、仲介役、開運コーディネーターとして神社の神や守護霊に神頼みすることで、自分を幸せにしてくれるような異性を呼び寄せることが可能になるのだ。**恋愛で、神頼みする時は、「自分も相手も幸せになるなら、結んでください。自分か相手が不幸になるなら、結ばないで下さい」と頼むのである。男性なら、40代、50代になって「20代の可愛い女性」、女性なら「年収６００万以上とか、早慶以上の学歴で」と祈るとつりあわない人もいる。

神頼みでも、お互いにつりあうような人間しか結ばれないようになっている。魔術のような方法で、無理やり結婚しても、続かないのだ。結局、価値観が合わなかったりして、離婚するだけである。今までの、私の本、受験やスキルアップの本に書けなかったことを書くと、**つりあう人間同士しかパートナーになれないのだ。**

○開運レッスン「モテる同性と親友になれば恋愛運はアップする」

恋愛・結婚の相談者を観察していると幸せな結婚ができない人の傾向がわかる。それは、**結婚している同性を羨《うらや》ましく思い、同性同士で酒を飲んで、どうして、私達は幸せになれないのか？　と愚痴《ぐち》をいいあっている人**である。そんなことをしているから、幸せになれないのだ。

幸せな結婚をしたいなら、恋愛運・結婚運の悪い人と仲良くしてはいけない。恋愛運・結婚運が悪くなるからだ。**友人のマイナス波動は、あなたを不幸にする。愚痴に同調してはならない。**あらゆる運に共通していえることだが、愚痴に同調してはならない。**愚痴るのは運が悪い人である。**自虐型自慢《じぎゃくがたじまん》もあるが、愚痴はマイナスの波動《はどう》を出す。そして、マイナスの波動は伝染《でんせん》する。悪運は、伝染するのだ。**モテる同性と仲良くすると、恋愛運がアップする。悪運が伝染するように、強運も伝染するからである。**幸せな結婚をしている人と話すと、自分が虚《むな》しくなるので、独身同士でつるみ、酒を飲み、愚痴る。だから、結婚できないのだ。**幸せな結婚をあなたが望むなら、幸せな結婚をしている人と仲良くす**

るのだ。お金持ちがお金を引き寄せるように、**幸せな夫婦は、幸せな結婚運を引き寄せるのだ。幸せな結婚をしている友達を、たくさん作ることで、結婚運はパワーアップするのだ。**

独身女性同士で、結婚運がアップするパワースポットに行くより、幸せな結婚をしている友人を増やした方が、結婚運は強化される。**最強の方法は、幸せな結婚をしている同性の友達と、パワースポットに行くことである。**注意する点は、幸せな結婚をしている同性の友達を作ることである。幸せな結婚をしている異性ではないので、気をつけて欲しい。

○開運レッスン「兎《うさぎ》のアクセサリー、兎の御守は恋愛運をアップさせる」

大神神社《おおみわじんじゃ》（奈良県）には、縁結びうさぎ守や源気《げんき》うさぎ守等の兎の御守がある。神田明神（東京都）でも願い兎等の兎の御守が領布《はんぷ》されている。兎は、『古事記』で大国主大神《おおくにぬしのおおかみ》が助けたため、大勢の兄弟が美女の女神に求婚していたが、兎が「大国主大神と女神が結ばれる」と言って、女神と結ばれたからである。そのため、大国主大神を祀る大神神社や神田明神では、兎の御守を領布しているのである。**兎は、大国主大神の縁《ゆかり》の動物なので、**

本当に結婚運はアップする。そういう働きがあるのだ。

○運をパワーアップさせれば、誰でも開運できる

私の本は、政治やスキルアップ、受験、法律、勉強法とコミュニケーション術の本が多いので、今回の本は異色に感じる人もいるかもしれない。**実は、私が20代の頃も開運本や神頼み本を書こうか？　と思った時期もあった。そういう執筆依頼は20代、30代の頃にもあった。**しかし、**宗教をやっている人、スピリチュアルをやっている人は、依存心《いぞんしん》が強い傾向があることに気付いたのだ。**そして、神頼みや引き寄せ、想念術の類でなんとかなると考えている人が残念ながら多いのだ。無理である。考えてみて欲しい。日本人は、１億３千万人いる。例えば、日本人、全員が引き寄せの法則で、宝くじを的中《てきちゅう》させ、生活したいと願い、全ての日本人が、引き寄せが成功したら誰が経済を動かすのか？　誰が働くのか？　宝くじは、集めたお金の分配である。１００万人が３００円の宝くじを買えば、３億円集まる。１等３億円を、１００万人に分配するのは不可能である。**お金は、能力相応、運相応にしか稼げない。**能力の話は他の本に、たくさん書いたので、今回は、運の話

を説明していこうと思ったのである。運をパワーアップさせる方法がある。第1章の開運レッスンだけでも、開運していく。しかし、最後までこの本を読んでいただければ、運命そのものを改善することが可能になるのだ。

○開運レッスン「枕カバーを毎日、洗濯すると開運する」

悪いイメージは、頭、つまり脳の中に溜《た》まっていく。そこで、枕カバーを、2～3枚用意して、毎日、変えるのだ。もちろん、洗濯が大変だろうから、**ここ一番の勝負時や、ネガティブな気分になっている時、運が落ちているなという時は、毎日、枕カバーを変えるのである。神道のケガレ祓いを応用した大開運術である。**

第２章

大きな目標を持ち、努力すれば神が大開運させてくれる

○当たり前のことを、当たり前にやれば、誰でもいつかは開運する

第1章では、ナポレオン・ヒルについて説明した。有名な自己啓発本である。私も比較研究をするために、開運系宗教であるニューソートの本を中心に数百冊ぐらい自己啓発本を研究した結果、だいたい、同じようなことが書いてあることがわかった。人は、当たり前のことを、当たり前にできないのである。逆に言えば、**当たり前のことを、当たり前にやれば、誰でもいつかは開運するのである。**多くの古典的成功本には、「1．良い習慣を作ること。2．自制心を持つこと。3．忍耐すること。4．絶対に諦《あきら》めないこと」等と書いてある。要するに、**「明るく、自制心を持ってセルフ・コントロールし、絶対に諦めずに、勤勉に努力すればいい」**のだ。数百万部売れた成功本のエッセンスの共通項は、**「目標を持って、自信を持って、明るく前向きに、絶対に諦めずに頑張れば、成功する」**である。

米国の建国の父であり、100ドル紙幣の肖像画の人物であるフランクリンの**『フランクリン自伝』**には、成功の処方箋というものがある。フランクリンの成功のための13の徳

は、多くの自己啓発本の元ネタでもあるが、「節制、沈黙、秩序、決意、質素、勤勉、誠実、正義、温和、清潔、平静、貞節（純潔）、謙遜」である。この13個の項目が完璧に出来たら、絶対に成功するとフランクリンも言っているのだ。こうした当たり前のことが出来る人は、運が真ん中以上の幸運な人だけである。**真ん中以下の不運な人は、努力できない性質があり、さらに何とか努力しても結果が出ないため、すぐに諦めてしまうのだ。**そこで、この本では、努力できない運を神社の神や守護霊に助けていただき、努力できる体質に改善して、開運していくのである。このいつ開運するか？　は、運気の問題がある。持っている運の総量と運命によって、開運する時期が異なるのである。しかし、**皆さんは、必ず開運する。**なぜなら、何百人、何千人の読者と交流してきて一つ、わかったことがある。それは、**人生の転換期《てんかんき》に、私の本に出会い、相談してくる人が大半なのである。**

そのため、**この本を読んでいるということは、今が衰運期《すいうんき》で最悪の時期であったとしても、必ず開運する。**逆に、開運がまだ許されていない人は、この本を読めないはずである。あるいは読んだら、古本屋に売り、「より多くの人に林雄介の本を広めたい」と思う『トリック』の阿倍寛さんが演じる上田教授のファンのような行動を取るのだ。

○開運レッスン「運は伝染《でんせん》する。感じのいいお店で買い物するとお金持ちになれる」

店員の感じが悪い店で買い物しない方がいい。値段よりも、店員の雰囲気が良いお店で買い物をした方が、長い目で見れば運が良くなるから、金運もつき開運するのだ。

○悪人がこの世からいなくならない理由

家の悪因縁というのは、子供には出てこない。悪徳商法をやって、財産を築いても、子供が不幸になることはない。金のペーパー商法をやったT商事の社長は、30代で刺殺されたが、ある意味、幸福である。**本当に怖いのは、生きている間に神は裁いてくれないこと**なのだ。平安時代に書かれた因果応報論《いんがおうほうろん》の物語、『**日本霊異記《にほんりょういき》**』には、**良い事をすれば、すぐに報われ、悪い事をすれば、すぐに悪い報《むく》いがあるので、良いことをし、悪い事をやめろ**と書いてある。参考になる部分もあるが、悪人が蔓延《はびこ》り、善人が虐《しいた》げられることも多い。**善因縁《ぜんいんねん》、悪因縁の因果応報の結果が出るのには、実はタイム・ラグがあるのだ。**

そして、親の因果《いんが》も子に報いない。もし、親の因果が子に報いるなら、**親が悪徳商法で財産を築けば、子供が不幸になる。子供が不幸になれば、全財産を寄附し、出家して詫びる親も出てくるだろう。**ゆえに、詫びるのが間に合わないように、孫やひ孫の代で、不幸になるようにしてあるのだ。例えば、恐喝《きょうかつ》をした人がいたとする。１００万円を恐喝した日に、自分が運転する自動車が事故にあい、１００万円支払うことになった。あるいは、部下にパワハラした翌週、いきなり胃が痛くなり病院に行ったら、癌《がん》が見つかった。こうした形で、すぐに悪い結果が出てこれば、**よほどのことがない限り、悪人はいなくなる。**自分がやった悪い行いの1・1倍ぐらいの不幸が必ず1週間以内に起こるのであれば、悪い事をする人はいなくなるであろう。しかし、そうはならない。裁かれるのは死後である。天国に行くのも、地獄に行くのも、死後である。**良い行《おこな》いをしたら、すぐに結果が返ってくるのであれば、善人しかいなくなるはずである。**しかし、そうはならない。もし、因果応報の結果がすぐに返ってくると「人間が思考停止」してしまうからである。自分で考えたり、悩んだり、哲学したりしなくなるのだ。**ロボットのように、善行《ぜんこう》を行うデストピアになるだけである。**

善人も悪人もいる世界に生まれているからこそ、成長になるが、もし、善人や悪人しか

いない社会になれば、人は成長しないのである。

○因果応報は、神の領域である

私は、多くの相談者をみてきた中で、**「どうやって天（神）は人の運命そのものをコントロールしているのか？」**を研究してきた。もちろん、前世の因縁や家の因縁があるが、前世の因縁が良い人は、幸運になり、前世の因縁が悪い人は不幸になる。**生まれ変わりというのは、基本的には、「やったことがそのまま、利子がついて返ってくるだけ」のシンプルな仕組みである。**ただし、例外も多い。人間が、催眠で前世をみたり、霊能者が前世をみたり、因果応報のマニュアルを作れないように、例外を多く作ってあるのだ。**はっきり書くと人間が触れることができない、「神の領域」である。**

○開運コラム「ヒンズー教と因果《いんが》の法則」

因果《いんが》の法則には、例外がたくさんある。インドに大学時代、開発経済学の実習で行ってきた。**インドでは、社会福祉にお金を使わないのだ。貧乏なのは、前世の業《カルマ》と真剣に官僚や政治家が考えているからである。**そこで、ヒンズー教的な因果の法則に読者が染まるのを危惧《きぐ》し、私も20年以上、因果応報の話はしないようにしてきたのだ。**因果の法則について著作で語るのは、これがはじめてである。政治家が因果の法則を盲信すると、社会福祉政策をやめてしまうのだ。**因果の法則というのは、人間が理解できないように、例外が大量にある。ヒンズー教のように、前世の業がストレートに反映され、貧困になるような単純な仕組みではないのだ。神は、この世と霊界のマニュアルそのものを書き換えることができる存在である。人間が、中途半端な形で因果の法則を学ぶと、神は因果の法則のパターンを変えてくるのである。

○開運レッスン「掃除をすれば気のめぐりがよくなる。水拭き掃除で大開運する」

水と火には悪いものを清める働きがある。ゾロアスター教や密教、神道等で火を使うのはそのためである。水で禊《みそぎ》をし、火で悪いものを祓うのだ。しかし、デスクやＰＣ、スマホ等を毎日、水拭きするのは、大変であろう。そこでお手軽にできるのが、**水99％、ノ**

ン・アルコール・タイプのウエットティッシュで、デスクやPC、スマホ等を毎日、拭き清めることである。ポイントは一つだけである。掃除と思ってはいけない。**水によるお祓《はら》いを行っているという自覚を持つことで、神道の祓いの神々が本当に動くのである。**

○神の声が聞こえたら邪霊と判断すること

神は、たくさんいる。八百万《やおよろず》どころではない。宇宙を作った絶対神もいれば、神社やお寺の神仏、キリスト教やイスラム教の神、いろいろな神がいる。「いるものはいる」としか、書きようがない。疑うのであれば、神社に参拝した時や守護霊に、「**神がいるかどうか？　自分でもわかるように、懇切丁寧《こんせつていねい》に、社会常識のある方法で教えてください**」とあなたが神や守護霊の存在を実感できるまで祈ればいい。ただし、神の声が聞こえたら、120％、邪神か邪霊といえる。神か邪神かの判別は難しく、多くの宗教家や霊能者が、判別に失敗し、おかしくなったのである。審神《さにわ》と呼ばれる、神か邪神かの判別をする技術が必要なのだ。

そこで、**絶対にやったらダメなことを教える。「神の声を聞くな。自動書記をやるな」**。

神とは社会常識ある方法で、交流しなければいけないのだ。神を呼ぶのは、難しくない。だから、いくつかの新宗教や古神道系の宗教でも、帰神法《きしんほう》等の「神を呼ぶ方法」を教えている。というより、本に書いてしまっているのだ。**神を呼ぶのは、難しくないが、神か邪神・邪霊の類か？　の判別が難しいのである。**仮に、私が審神《さにわ》の判別方法をマニュアル化して教えても、邪神がマニュアルを勉強して、神になりすますだけである。

○運命は生まれてきた環境で決まる部分もある

運命の話に戻るが、**運命は、環境で決まることも多い。音楽家や芸術家は、実家がお金持ちのことが多い。**特に、芸大や音大を出るとなると、医者や弁護士、官僚になる以上にお金がかかる。医大も、偏差値が高いほど、授業料が安くなっている。私大も、偏差値が高ければ高いほど、授業料は安く、奨学金が充実している。東日本大震災の被災者に対する授業料免除や低所得者に対する授業料免除を、東大は行った。**東京大学に通う親の所得が大学の中では、もっとも高額なので、一定数の学生の授業料を免除しても運営を行えるのである。**ちなみに、世界で一番、資産がある大学は、卒業生の寄附等で1兆円以上持っている米国のハーバード大学である。米国の上位大学は、**金持ちが金持ち同士の人脈を作るために大学に行くのである。**

○開運レッスン「薔薇《ばら》の花びらを入れて入浴するとハッピーなことがやってくる」

桃や菊には邪気を祓う働きがある。平安時代から江戸時代には、菊の花を酒等に入れて飲み、長寿を願うまじないがあった。多くの伝統行事が、意味があるが、スピリチュアル的な中身が薄れ、形骸化《けいがいか》してしまったのだ。**宮中行事で行われていたものは、開運効果が高い。**なぜなら、高僧や陰陽道《おんみょうどう》に秀でた霊能者が天からの閃《ひらめ》きを受けて、始めた行事が多いからである。お風呂に、薔薇の花びらを浮かべ、あるいは食用菊の花びらを浮かべることで、プラスの生命エネルギーを回復することができるのだ。

○生まれてくる環境は、前世の因縁で決まる

運命が決まる要因が生まれた環境であったとしても、金持ちの子が金持ちとは限らない。

むしろ、祖父母の代はお金持ち、今は貧しいという読者が多いはずである。

私は、人の相談を受ける場合は、祖父母、その上の代、両親が、どんな人で、どんな仕事をしていたか？　を必ず聞く。それで、**その人の大まかな因縁がわかるからである。**

もし、親が金持ち、自分も金持ち。家族仲良く、健康で、幸せな結婚をしているとすれば、開運本を読むことはないはずである。

○ＶＩＰは、スピリチュアルが大好き

ただ、全く悩みを持ってない人は見たことがない。また、経営者や政財界人、いわゆる**ＶＩＰほど、宗教や占いの類が大好きである。**多くのＶＩＰは世間から怪しいと思われないように隠しているだけである。私も20代の頃から、政財界人の方々から、スピリチュアルな勧誘を受け続けてきた。例えば、「神社で滝行《たきぎょう》しない？」とか、シルバー・バーチの霊言集も薦められた。「有名神社に参拝する会を主宰しているけど、行きませんか？」と日本を代表する大金持ちの一族に勧誘されたこともある。年間売り上げ１００億円のワンマン企業を一代で築いたけれど、米国から霊能者を呼んで、家族や従業員の前世を見させ

ている社長から、何回も5時間ぐらい電話がかかってきたりと、いろいろあった。

○退行催眠《たいこうさいみん》による前世鑑定は願望が見えることがある

前世といえば、退行催眠で、相談者に前世を電話で見せたこともあるが、**催眠の場合、本人がこういう前世であって欲しいという願望が見えることも多い**ので、厳密な意味での前世はわからないと思う。感動ビジネスと言って、**私も催眠療法を利用し、本人が喜ぶような前世を催眠で見せることはできる。**前世を見た人は、感動してみな泣く。ただし、その前世が正しい前世かどうか？　の判別は、神なのか邪神なのか？　の判別と同じように難しいので、私もできないし、そうした前世鑑定をやる気もない。

○A宗の因縁切りをやれば誰でも成功できる理由

オウム真理教の麻原彰晃が参考にしたA宗という宗教がある。A宗のヨガの本や宗教運営のノウハウをオウム真理教の運用に悪用したのだ。

Ａ宗は、仏教系新宗教である。密教等のノウハウやヨガのやり方を伝授している。Ａ宗のエッセンスを一言で書くと、**Ａ宗で墓を買って、先祖供養したら幸せになる。Ａ宗で先祖供養したら、先祖霊が守護霊になる**であろう。Ａ宗そのものの是非《ぜひ》は、論じる気はない。

中途挫折《ちゅうとざせつ》の因縁をきるために、准胝観音経《じゅんていかんのんきょう》等のお経を３年間、１日も欠かさずに唱え続けさせるのである。麻原彰晃の著作では、Ａ宗に入信し、３年間、行をやりきったと書かれている。Ａ宗の元信者が知人にいるが、わりと成功している人が多い。Ａ宗に神仏が降りているかどうかはわからない。また、興味もない。ただ、**お経を１０００日、毎日、１日、30分なり１時間なり勤行《ごんぎょう》できる人なら、何をやっても成功する**ように思うのである。

９９９日目に、風邪をひいて、行をできなかったら、１日目に戻ってやり直しである。毎日、正月やクリスマスも、30分間、英語のＣＮＮニュースを１０００日聞き続けたり、資格試験の勉強を、１日も休むことなく１０００日間連続して、続けられる人なら、**何をやっても成功すると思うのだ。つまり、成功とは忍耐力に比例するのである。**

○開運レッスン「元気がないときは、米のご飯を食べると産土神《うぶすながみ》のパワーをもらえる」

米は、日本人の元気の根源である。大嘗祭《だいじょうさい》とは、天皇陛下が即位したときに、米等を神に供える神事である。そこで、天皇陛下は、米作りをしておられるのである。『古事記』では、神々が暮らす高天原の描写がある。天照大御神が耕す田んぼを須佐之男命《すさのおのみこと》が壊し、機織《はたおり》をしている小屋に馬の死体を投げ込む。高天原で神々が稲作をし、機織をするから、皇居に田んぼがあり、養蚕《ようさん》を皇后陛下が行っているのである。

米は、地元の米が産土神社《うぶすなじんじゃ》のエネルギーが入っているので一番良い。他には、パワースポットのお米を取り寄せて食べるのも良い。元気になるためには、日本産の米が一番である。日々の生活では、備蓄米《びちくまい》の消費もエコの観点から重要だが、ここ一番でプラスのエネルギーが必要な時は、産土力が宿った**新米の炊き立てご飯を食べると良い。ちなみに、令和の大嘗祭に使われたお米は、「とちぎの星」である。こうしたお米は、よくお祈りして食べると大嘗祭のパワーのおすそわけを頂けるのだ。大嘗祭に降臨される天照大御神によく感謝して頂くことがパワーを戴く秘訣である。**

○努力できる星の下に生まれたかどうかが運命を決定する

運命は、目標を持って、継続して努力を続けることができるかどうか？　で決まる。Ａ宗の行も続けられずに脱会する人が多い。私の二大勉強本が、『この通りにすれば受験にうかる』（たちばな出版）と『絶対スキルアップする公務員の勉強法』（ぎょうせい）である。『絶対スキルアップする』は、15年以上のロングセラーである。資格試験を受ける社会人や受験生を指導していて感じたのは、**頭が良くても、努力が続けられない人がいるということである。**受験勉強に、頭の良さはあまり関係がない。**努力が続けられるかどうかだけである。**受験でも、東大の入試問題は、シンプルなものが多い。大学時代に塾で講師をしていた頃は、高校2年生に東大の英語長文を解かせていた。早慶の英文のほうが、マニアックな英単語や熟語が出てくる。東大の入試の方が素直に問題を作ってある。**東大の文Ｉと理Ⅲは、頭の良さを見るというより、中学受験の鶴亀算《つるかめざん》や旅人算《たびびとさん》から、高校の内容まで、全範囲で洩《も》れなく9割以上を取れるかをみているように感じるのである。**

○開運レッスン「受験の神は、天満大自在天神《てんまだいじざいてんじん》である」

菅原道真《すがわらのみちざね》が、神として出てくるときの名前を、天満大自在天神《てんまだいじざいてんじん》という。「てんまんだいじざいてんじん」、「てんまだいじざいてんじん」、2つの呼び方があるが、私は「てんまだいじざいてんじん」とお呼びしている。学業成就、知恵の仏は、文殊菩薩《もんじゅぼさつ》で、真言は「おん・あらわしゃのう」である。現実的な知恵の仏である。

また、普賢菩薩《ふげんぼさつ》は、「行動力のある賢い仏である」。真言は、「おん・さんまや・さどばん」である。受験、資格試験、昇進試験は、「天満大自在天神、文殊菩薩、普賢菩薩」の3神仏にお願いするのが良い。天津祝詞《あまつのりと》を2、3回上げ、真言を唱え、**「賢くしてくださ い。バカを改善してすごく賢くしてください。できれば、普賢菩薩、文殊菩薩、天神様以上に、賢くしてください」**と祈ると良い。目標以上には賢くなれないので、「天神より賢くしてください」と頼むのである。さらに、守護霊にも同じ事を頼めば、完璧《かんぺき》である。

○ビリギャルやビジネス書に騙されてはいけない

受験勉強も、私は早稲田大学が第一志望ではない。国家公務員Ｉ種（現・総合職）試験も平均勉強時間を調べたら、３ヶ月〜半年だったので、数ヶ月しか勉強はしていない。**ただ、大学入試も、公務員試験も死ぬほど勉強している。本当にすごく勉強している。ビジネス書や受験のノウハウ本に、難しいと書くと売れなくなるので、ほとんどの著者が簡単にできると書く。**例えば、女性の成功本を書いているＫさん、慶應義塾在学中に公認会計士に合格して、外資系で働いていたエリートである。受験本のカリスマのＷさん、灘中、灘高卒、東大医学部卒の精神科医だ。灘中に入学できる時点で、超エリートである。Ｋさんやしさんの**誰でもできるは、東大や早慶以上に普通に入れて、医者や官僚や弁護士や会計士に普通になれる学力があること**を前提に書かれていると考えて読むべきである。

ビリギャルも、主人公のモデルは愛知の偏差値60以上のお嬢様高校の生徒である。**中高の入試で、偏差値60以上の生徒なら、早慶なら1年間、真面目に勉強させれば、誰でも入れる。**偏差値50程度の高校の生徒をマーチに合格させる方が１００倍、難しいのだ。

○開運レッスン「参拝しなくても、郵送祈祷してくれる開運神社はたくさんある」

ネットで祈祷代行やお守りなどの転売が行われるので、有名神社も、現金書留や振込用紙で祈祷をしてくれるようになった。原則は、地域を管轄している一番力のある神社に参拝することである。ただ、4章で説明するが、パワースポット・ブームで必ずしも、神社のご本殿に神様がいると断言できないことがある。そこで、大まかに郵送でも祈祷をしてくれる力の強い神社を地域ごとにあげると、**「東北、駒形神社《こまがたじんじゃ》。関東、箱根神社《はこねじんじゃ》、江島神社《えのしまじんじゃ》、諏訪大社《すわたいしゃ》、三峯神社《みつみねじんじゃ》。関西、大神神社《おおみわじんじゃ》。熊野本宮大社《くまのほんぐうたいしゃ》。北陸、白山比咩神社《しらやまひめじんじゃ》。中国地方、厳島神社《いつくしまじんじゃ》、出雲大社。九州、宗像大社《むなかたたいしゃ》、宇佐八幡《うさはちまん》」等である。**

○誰でも時間さえかければ成功できる

世の中には、東大、京大、早慶等を出て、医者や司法試験や公認会計士、官僚試験等に合格し、あるいは、大企業や外資系に勤め成功本を書いている著者が多い。

前提がおかしいのだ。**高卒の人や大学中退の人、それほど偏差値が高い大学を出ていない人は、成功できるのか？**　である。**答えは、「誰でも時間さえかければ、成功できる」である。**

私は、正攻法しか教えない。私も中高時代に、記憶術の通信教育や潜在意識に英単語を覚えさせるビデオ等のインチキ教材をお年玉で何回も買い、そんなものは使えないことがわかったのだ。**成績がいい人は、勉強をしていないように見えても、ちゃんと勉強しているのである**

○世の中のためになることをして運の総量を増やそう

運がいいだけの人間は、運が尽きれば活躍できなくなる。このことは5章で詳しく解説する。若年運《じゃくねんうん》といって、10代から20代前半に、人生の運のピークが来る人もいる。子役で大ヒットして、「消えていったタレント」も多い。**運は、コントロールが可能である。幸運期に、運の無駄遣いをしなければ、運の持越しが可能なのだ。**そして、運を増やすことも可能である。中国では、儒教《じゅきょう》、道教《どうきょう》、仏教が一体化し、『陰隲録《いんしつろく》』のような勧善書《かんぜんしょ》が明《みん》の時代にベストセラーとなった。**「世の中のためになることをして、運の総量を増やそう」**という発想である。易経《えききょう》の**「積善《せきぜん》の家に必ず余慶《よけい》あり」**に由来《ゆらい》し、『日本書紀』で、大化《たいか》の改新《かいしん》を行った藤原鎌足《ふじわらのかまたり》が亡くなるときに、天智天皇《てんちてんのう》が、「積善の家に余慶があるというのに、なぜ、あなたのように功績がある人が死ぬのか?」と嘆いていることからも、日本でも大化の改新の時代からポピュラーな思想であったといえる。**そう、運が足らないなら、世の中のためになることをして、運を増やせばいいのだ。**

○努力できない人は神頼みで改善する

正攻法は、努力して、幸せになるである。私の今までの著作は、**あなたに運がなくても、10倍、勉強すれば難関大学や資格試験に受かるから、学歴と資格試験を高めることで、不幸な人は運が足りない分を補おう**というものであった。しかし、この方法には、大きな弱点がある。努力する運がない人をどうするか? である。親や兄弟が難関大に行き、あるいは、読書好きの家庭に生まれ、自然に勉強する習慣がついた子供はいい。勉強というものに全く縁がない家庭で育ったら、どうなるのか? ゆえに、**運がない人ほど、神頼み、**

守護霊頼みが重要なのである。運がなくても、神や守護霊に真剣に頼めば、開運するキッカケを作ってくれるのだ。運が悪くて、１００の努力で、30、50の結果しか報われない人も、神や守護霊に頼めば、１００の努力で70、80の結果が出るようになるのだ。５章の蓄《ちく》運法《うんほう》を行えば、１００の努力で、１００以上の結果が出るようになるのである。

○開運レッスン「守護霊に神頼みすれば、あなたも幸運になる」

守護霊《しゅごれい》とは、あなたの先祖霊の中の高級霊である。必ず、どんな人間にも１人の守護霊が守っている。そして、先祖霊の中で守護神《しゅごじん》等に許可された優秀な背後霊団《はいごれいだん》と一緒に10名以上のチームを作って守護している。**先祖霊が多いが、前世で縁があった霊が来ることもある。あなたより、上のランクの高級霊である。**守護霊の定義は、人によって異なるが、**先祖霊を中心とした、高級霊という説を信じればよい。**今世《こんせ》、経営者や医者や学者、官僚、政治家等で学問があり、社会的に活躍した人が、霊界で修行して就任するのである。修行期間と生まれ変わりの周期を考えると、江戸時代からそれ以前の守護霊が多い。もしも、あなたが守護霊より優秀になれば、もっと賢い守護霊を守護神が派遣してくれる。邪神を信仰したり、本人が邪霊に占領されたり、黒魔術の類をやると守護霊が近づけなくなることはある。しかし、守護霊を信じていなかったり、無神論者でも能力に応じて必ず守護している。そして、**「守護してくれてありがとうございます」と毎日、朝晩、祈ると守護霊の守護が超強力になるのだ。**

○神仏は人間が努力した分だけ開運させてくれる

宗教やスピリチュアルの弊害《へいがい》もある。宗教をやっていれば、受験に受かる、病気も治る、お金も入ってくるという人も残念ながら多い。というより、そういう人達をたくさん見てきたので、今まで、宗教やスピリチュアル系の開運本を出さなかったのだ。

神社に参拝したら即開運するとか、パワースポットにいけば、結婚できるとか、神を信じれば、病気が治るという危険な思想、ドラえもんの「のび太量産計画」のようなことをしたくなかったのである。神頼みによって、神と自由に交流できた太古《たいこ》のエデンの園の知恵なき猿人《えんじん》に、人間が退化《たいか》することを怖れるのだ。現実的努力を放棄した人間を、神仏が守護することはありえない。

神も仏も、守護神、守護霊もいる。ただし、大前提として、**人間が努力した分だけしか助けてくれないことを理解する必要がある。**邪神・邪霊に頼めば、努力しなくてもご利益は貰える。しかし、死後、邪神が主宰する魔界に連れて行かれる。悪魔に魂を売ることになるのだ。悪魔に魂を売ると、人間には戻れない。本人が、猛反省すれば戻れるが、反省するような知識や常識があれば、悪魔に魂を売ることはない。ゆえに、本人は間違っていたという自覚がないので、反省できず、人間に戻ることはできないのである。

死んでから、価値観を変える事は、ほぼ不可能なのだ。

○開運レッスン「邪神・邪霊がいないパワースポットは存在しない」

よく安全な、いわゆる邪神・邪霊がいないパワースポットや神社、お寺はどこか？　と質問されるが、そんな場所は存在しない。**人間の心に、邪神や邪霊は反応して出てくるので、正しい神仏がいる神社やお寺、パワースポットでも、邪神や邪霊は出てくるのだ。**祈る人の努力や生き様の問題なのだ。

○開運するために数値目標を作ること

再度、問おう。どうしたら、あなたは開運できるのか？　**それは、開運の定義を自分で作ることである。**自分の年収を30代で500万以上、40代で800万以上、50代で1000万以上のように、年収を数値目標化するのである。30代前半で結婚して、子育て。40代で、子供の中高受験。50代で世界一周のように、やりたいことをまず書く。文章化する。できる、できないは関係ない。やりたいことが見つからなければ、エントリーシートの長所、短所の書き方と同じである。短所を長所に、長所を短所にすればいい。**やりたくないことを列挙《れっきょ》すれば、残ったものがやれることである。**突き詰めていくと、これも自分探しになり、インド旅行に行き、自分を探すみたいな放浪生活が始まる危険性もある。最初は、物欲でよいと思う。政府が老後に1人2000万円ぐらい貯蓄しておけと言い出したので、貯金を2000万円するでも良いと思う。**やりたいことがある人は、すでに行動していると思う。**

自分が一番、好きなこと、得意なことをやるのだ。しかし、得意分野もない、好きなこともないという人の方が多いと思う。死後の不安があるという相談も受けるが、漫然《まんぜん》とした不安であることが多い。可もなく不可もなくの人が多いのだ。いい意味でも、悪い意味でも無欲なのだ。政治家になりたいといか、首相になりたいとか、社長になりたいとか、金持ちになりたいとか、ユーチューバーになりたいとか、タレントになりたいとか、本を出したいとか、**何か目標が明確にあれば、願いはいつか器相応に叶うのだ。**

○平穏無事《へいおんぶじ》を人生の目標にすると平均以下の人生になる

開運するには、大きな目標が必要だが、そもそも、目標がなく、家族無事で、病気せずに暮らせればという人も多い。**しかし、人は目標以上の人生は送れない。宇宙のグランド・ルールと思っていただいてよい。**平穏無事を目標にすると、平穏無事より下の不運な人生になる。つまり、平穏無事に生きられないことが多いのだ。東大を目指して、はじめて早慶に行ける。早慶を目指して、はじめてマーチにいける。目標値を下回ると考えた方が良い。首相を目指して、ギリギリ大臣になれるか？　どうかである。国会議員を目指したら、地方議員にギリギリなれるか？　どうかである。**ゆえに、欲張りな人の方が成功す**

るのだ。あなたは、幸せになることに貪欲《どんよく》になるべきである。

○帝王学を学べば幸せな家庭になる

古典、例えば、論語も荀子《じゅんし》も韓非子《かんぴし》も、統治学である。国を統治することを前提に書かれている。夫婦関係や職場の人間関係の相談をされることも多い。兵法書の孫子《そんし》、呉子《ごし》やマキャベリの君主論《くんしゅろん》を熟読して、夫婦関係を構築したらいいのだ。**人間関係のトラブルの必読書は、孫子、呉子、荀子、韓非子、君主論である。中国の兵法書である三略《さんりゃく》、六《りく》韜《とう》、孫子、呉子あたりを熟読し、コミュニケーションを研究するのだ。**兵法書は、興味がない限り、経営者や政治家しか読まない。職場や家庭のコミュニケーション術として、君主論を熟読する人間はいない。しかし、国を動かす方法が書いてあるから、家庭や職場なら簡単に動かせる。

デール・カーネギーの『人を動かす』という名著があるが、視点がミクロすぎるのだ。迫力で相手に負けている場合、兵法を研究した方がいいのだ。『人を動かす』を読んで、上手くいかない場合、『孫子』や『君主論』というマクロな方法を使うのだ。人間の雰囲気には、読んだ本の波長が出る。こういう読者の体験談もある。職場でなめられている人が、**孫子や君主論、兵法書を読み始めたら、「上司が怯《おび》えて、気を使うようになった」という。**逆に、家族や上司や部下が怯えているようなら、『人を動かす』を読むのだ。**優しいオーラになる本と迫力のあるオーラになる本の両方を読んで、使い分ければ、人間関係の問題はほぼ解決する。**怖い、優しいの片方しかないと、怖いと怯えられ、優しいとなめられるので、両方のオーラの使い分けが必要なのだ。

◯開運レッスン「パワーストーンとローズクォーツ」

最後に、パワーストーンの解説をしよう。ローズクォーツは、大学時代から、数百円の原石を買ってきて、恋愛相談があると、当時は、主に早稲田の後輩であったが、ローズクォーツを女子にプレゼントしてきた。**そして、気がつけば、相談にのった人は、みんな幸せな結婚していたのである。**パワーストーンは、加工していないものがよい。タンブルといって、磨いただけの石がある。勾玉《まがたま》や水晶玉に加工したり、ブレスレットにすると値段が一気に上がる。また、正直、女性がパワーストーンのブレスレットをしていると男性は引く。原石は持ち歩いたり、握《にぎ》るのが難しい。タンブルを小さな布袋にいれ、ハンドメイドのお守りにして、持ち歩くのが良い。

パワーストーンは、最初に、天然の岩塩《がんえん》をいれた水で洗い、ティッシュや布で拭き、一晩、月光浴《げっこうよく》をさせる。他人が触っているから、石を清める必要があるのだ。塩は、岩塩と海水から取れる塩でパワーの種類が違う。岩塩は大地のエネルギーが宿る。海の塩は、海の浄化《じょうか》エネルギーが宿るのである。祓い清めるパワーは同じだが、迷ったら、両方使えばいい。最初に、海水から作られた塩で清め、水洗いし、次に、岩塩で清め、水洗いする。順番は逆でもいい。

注意点は、食材として買うことである。パワーストーンや開運系の店で売られている塩は、変な念が入っていることが多いので、スーパーやネット通販で、食材として買うのだ。

パワーストーンも、3種類ぐらい組み合わせると、相乗効果《そうじょうこうか》はある。お守りにした石は、**他人に見せると、念が入るので、他人には見せない方がいい。**

第3章

金運を劇的に改善する大開運秘伝

○衣食足りて礼節を知る

衣食《いしょく》足《た》りて礼節《れいせつ》を知るという。お金は大事である。儒教でも孔子の言行録である論語では、礼節を重視する傾向にあるが、孟子《もうし》は「国民の衣食住を改善させ、その後、礼節を教えた方が効果的である」と書いている。また、聖書外典の「トマスの福音《ふくいん》」のイエスの発言に面白いものがある。「皇帝のものは皇帝に、神のものは神に返しなさい」という正典の続きが書かれているのだ。**「皇帝のものは皇帝に、神のものは神に、そして、私のものは私に返しなさい。」**と。弟子がイエスのお金か何かを借りパクしたのであろう。儒教では、金銭に潔癖性《けっぺきせい》を強調しているように誤解されがちであるが、論語では孔子は**「私は、授業料である干し肉を持ってきたものには必ず、教えを授けた」**と言っている。孔子は、無料で弟子に教えていない。わざわざ論語に、**弟子は授業料を持って来るのが礼儀である**と書いてあるのだ。イエスも、「人はパンのみで生きず」といったが、「弟子の借りパク」は許していない。

○想念術は宗教である

マーフィーの法則やナポレオン・ヒル、引き寄せの法則等の欧米系の想念術はニューソートというキリスト教の新解釈運動が元ネタである。**聖書で、イエスが、「祈ったら、天からパンが降ってきた」、ゆえに「想念の物質化」、「思考の現実化」は可能であるという理屈である。**

日本では、ビジネス書や自己啓発本を根付かせる過程で、**キリスト教を元ネタにした宗教的要素を翻訳で意図的に排除してきた。**そのため、日本人は想念術という分野が、宗教であることを知らない。「眠りながら願望を実現する」というマーフィーの法則を考えたマーフィーはキリスト教系新興宗教の牧師である。正統派キリスト教徒ではない。そして、そのマーフィーを日本で最初に翻訳したのは、保守の論客、渡部昇一氏ではなく、新宗教の生長の家の開祖、谷口雅春《たにぐちまさはる》氏（『生命《せいめい》の実相《じっそう》』の著者）である。『生命の実相』（全20巻）は、一言で書くと**「欧米の心霊学と想念術のやり方を紹介した日本版元祖開運本」**である。

○想念術の元ネタは東洋思想である

想念術は、キリスト教系新宗教のニューソートが広めた。しかし、ニューソートの元ネタはキリスト教ではなく、仏教やインドの唯識論《ゆいしきろん》である。19世紀、欧州諸国はアジアを植民地化していく。植民地支配のために、パーリー語仏教、インド思想、ミャンマー、中国、チベット仏教等の植民地予定国の宗教、思想研究が盛んに行われるようになったのである。欧州では、アジアや中東の古代秘儀が翻訳され紹介された。ヨガのやり方や仏教思想、道教研究もブームになる。そして、**仏教の唯識論《ゆいしきろん》（密教や法華経系霊力の元ネタ）が、キリスト教解釈に影響を与え、思考が現実化するという想念術が欧米で誕生したのだ。**

「信念の魔術」という想念術を紹介した欧米の古典がある。本の内容は、「願ったことは叶う。目標を紙に書けば願望は必ず叶う、ものすごい秘儀だ」というシンプルなものである。あとは体験談しか書いていない。この本の読者は、「信念の魔術」や「眠りながら成功する」、「思考は現実化する」、「7つの習慣」、「引き寄せの法則」等を読み、成功しなかった人がたどり着いたと思う。そこで、こうした本の元ネタを解説しつつ、確実に成功する運命の法則を説明しているのである。

○開運レッスン「盲信《もうしん》すれば願いは叶う」

なぜ、あなたの願いが叶わないのか？　理由の1つは、1章で説明したように、願いが叶えば、不幸になる願いなので守護神・守護霊等がとめたからである。1つは、運がたりないからである。そして、最後の**1つは、120%信じていないからだ。**しかし、**私は、単純な盲信《もうしん》は奨めない。**あるイデオロギーを盲信した人間は、思考停止し、地下鉄にサリンを撒いたり、過激派になったり、文化大革命《ぶんかだいかくめい》を行ったり、魔女狩りをやるからだ。そこで、しつこく**社会常識を重視すること、偏見を持たずあらゆる知識を学び続けること**をお願いしているのだ。想念術や宗教、開運術、スピリチュアルの世界は、盲信しなければ願いが叶わない。しかし、その盲信が誤った判断であれば不幸を呼ぶことが多い。そこで、**自分の願望実現の仲介役、開運コーディネーターとして神や守護霊に頼み、ゆだね、最後は社会常識で判断し、盲信する**のだ。

○開運レッスン「人間の想念は霊界を作ることができる」

例えば、宝くじで3億円当たることを強烈《きょうれつ》に確信したとしよう。**人間の想念は、霊界《れいかい》を作ることができる。**確信すれば霊界を作ることができるので、霊界ではあなたの願いは叶う。

確信して、具体的にイメージすれば、霊界を作ることができるので、宝くじに的中することも、片想いの異性と付き合うことも、ハーレムを作ったり、大出世することも霊界ではできる。では、なぜ、あなたが霊界で作り出した願望が現実化しないのか？ 理由は簡単である。**神や守護霊が、バカな願いを止めてくれるからだ。**願いを叶えれば、不幸になるので、まともな神やあなたを守っている守護霊が、実現しないように邪魔をするのだ。**神は、霊界より上の神界《しんかい》にいる。**ゆえに、霊界で人間が想念術で作り出したイメージ化された世界の実現を阻止することができるのである。

○邪神や邪霊も人を選んで加勢する

ただし、邪神や邪霊が間違った霊界のイメージを現実化させることもある。邪神とはなにか？　平たく説明すると「宇宙を創った絶対神が、作り出した善に対抗する現実世界に強い悪の存在である」。**邪神（悪）の親玉も、善神（善）の親玉も宇宙根源の絶対神である**。宇宙は善悪二元論で出来ているわけではない。善悪を超越した絶対神が存在し、善も悪も創造し、管理しているのだ。

そして、絶対神は、最終的には、「**人間自身に悪神を克服《こくふく》させ、限りなく神に近づかせようとしている**」。この絶対神の概念が理解できれば、あらゆる神仏に守護していただくことが可能である。しかし、絶対神の概念は、わかりにくいと思うので、スルーしてもいい。というより、読者で絶対神の概念を理解できた人がいないので、説明してもわからないと思う。神は、人間に「自由意志を与えた」。そこで、人は、善人にも悪人にもなれる。また、悪がいなければ、人は怠《なま》けるのだ。邪神や魔王がいなければ、人は誘惑に負けることがないので、智恵の実も食べず、猿人《えんじん》のまま、エデンの園で神と仲良く暮らしていたのである。邪神には、邪神の役割があるのだ。**ゆえに、カルトの信者でも一見、成功する人間はいる。悪魔崇拝者でも、成功者はいる。**それが本当に幸せなのか？　である。邪神や邪霊が願いを叶えれば、死後、必ず地獄に行き、永遠に苦しみ続けることになる。

また、邪神や邪霊も相手を選んで加勢する。神や守護霊と同じように、**「能力相応の邪神や邪霊しか守護してくれない」**のだ。

○開運レッスン「悪魔ですら、能力相応にしか守護してくれない」

東大法学部卒の人間が、「真剣に大金持ちになりたい」と邪神に願ったとしよう。投資家になったり、**起業して、１００億程度なら手に入るはずである。**もしも、中卒、無職、職歴なしの40歳の中年のおっさんが真剣に、悪魔に魂を売り、巨万《きょまん》の富を得《え》たいと願ったとする。**魂とひきかえでも、数百万、手に入れば、かなりラッキーといえる。**

○無能な人間は悪魔ですら見捨てる

福沢諭吉は、「天は人の上に人を作らずといえども、学問しない人間は貧しく、学問した人間は金持ちになり出世する。だから、学問しろ」と『学問のすすめ』に書いた。

なぜ、私が受験のノウハウ本やスキルアップの本を執筆したのか？　神や守護霊も能力相応、運相応にしか願いを叶えないが、「邪神、悪魔、邪霊、魔王」の類ですら、能力相応にしか力を貸さないからである。神より悪魔の方がプライドが高いので、無能な人間を助けるのを嫌がるのだ。**無能な人間を助けるのは、あまり力がない小悪魔やセコい邪霊だけである。**

○開運レッスン「ナンバーワン、ホステスになる方法」

例えば、銀座のホステスが、邪神・邪霊に「ナンバーワン嬢になるように願《がん》かけしたとしよう」。コミュ力、容姿、前世相応にしか邪霊ですら、相手にしない。しかし、もし、ホステスが、コミュニケーションの本を学び、美容整形し、毎日、朝日から読売、産経、日経新聞、スポーツ新聞まで読み、一度会ったお客の好みは、すべてスマホに記録し、顧客管理を完璧に行ったとしよう、かなり大物の邪神・邪霊が働き、お店でナンバーワンのホステスにしたり、もっと稼ぎがいい格上の店に移籍させてくれる。**もちろん、そこまで努力するなら、邪神ではなく、神や守護霊も動くので、神や守護霊に頼んだ方がいい。**

○悪魔は無敵の人を利用し人を不幸にする

残酷なことを書くことになるが、悪魔でさえ無能な人間は見放す。最近、「無敵《むてき》の人」という流行語がある。何も失うものがない人が、通り魔等の犯罪を起すのだ。悪魔は、無敵の人を、幸せにはしない。しかし、社会に生きる多くの人々を不幸にするためには利用する。**神は、社会に生きるより多くの人間を長期的に幸せにする存在である。**悪魔は、社会に生きるより多くの人々を、長期的に不幸にする存在である。

○悪魔は契約を絶対に守らない

悪魔は慈善事業を行っているわけではないので、必ず対価を要求する。それも、本人だけではなく、子孫や社会全体が、長期的により多くの人が不幸になる形で対価を要求する。

さらに、悪魔は律儀《りちぎ》に契約を守らない。平気で嘘をつく。人間も騙す。**悪魔が契約を必ず守るという話は、ファンタジーである。**契約を平気で破る。絶対に、信用できない存在である。

○「悪魔の手口」を知らないと不幸になる

なぜ、神頼みの開運本で、悪魔の話を書いているのだろうか？　理由は、簡単である。**神仏や守護霊を呼ぶ同じ方法で、悪魔が来るからである。**神社で参拝したり、教会で祈っても悪魔や邪神・邪霊は来る。もし、特定の宗教やお経を読めば、神や仏のような聖なる存在しか来ないのであれば、多くの人がすでに宗教で救われているはずである。ブログや本でしつこく書いてきたことではあるが、**悪魔が好んで使うキーワードがある「愛は大事」である。**ブラック企業の経営者も、「愛が大事」と平気で言う。悪魔に守護されているのであろう。「人類をより不幸にしましょう。愛より憎しみを大事にしましょう」と悪魔は言わない。**「人類を幸せにしましょう。平和は大事です。愛を人類に」と平気で悪魔は言う。**だから、騙される人がたくさんいるのだ。**悪魔崇拝者を悪魔はそれほど守らない。**

悪を全面に出した組織に、まともな人が集うことはありえないからだ。教会や神社や寺や宗教、政党や国を乗っ取りに来るのだ。神と名乗った方が集客力があり、信者も集まる。**馬鹿正直に、悪魔が悪魔と名乗り、信者を集めることは稀《まれ》である。神を名乗り、信者を集めるのだ。**

○開運レッスン「学問をすれば大成功する」

それでは、実践篇に入る。まず、金運や成功運をアップさせるには、「スキルアップすること」**が大切である。**次に、**「明確な目標を持ち、紙に書き、具体的な成功をイメージし続ける」**のだ。

○開運レッスン「願い事は紙に書き、封筒に入れ大切にしまっておく」

目標や願望は、紙に書き、封筒に入れ、机の引き出し等にしまっておく。忘れた頃に願いが叶っていることも多いのだ。ただし、絶対に目標や願望を他人に教えない方がいい。

他人のマイナスのエネルギーに妨害され、願いが叶わなくなるのだ。

ここまでは、どんなビジネス書や成功本にも、書いてあることである。

では、どうやって、お金持ちになるか？　である。1つは、『学問のすすめ』に書いてあるように、学問することである。**受験生なら、なるべく偏差値が高い大学に行く。社会人なら、学歴ロンダリングをやる。**慶應義塾大学の通信、中央大学の通信、法政大や日大の通信や夜学に通う。また、大学院に行くことである。通信制大学院も増えた。

次に、司法書士、弁理士、税理士、社労士、宅建、簿記、ＩＴパスポート等の仕事に使えそうな資格を取るのだ。

○関西人こそ真の国際人である

英語も勉強する。**英語は、正しい英語を話したり、使える必要はない。通じればよい。**というより、欧米は文書による契約社会なので、メールと定型文が書けるだけでもビジネスはできる。なので、**何となく通じる英語でよいのだ。**英語の講師から聞いた話である。

国際線で、白人夫婦が赤ん坊を連れていた。大阪のオバちゃんたちが、「わあ、かわええなあ。抱っこしてええか?」といって関西弁で話しかけ、白人夫婦もニコニコ笑って、赤ちゃんを抱かせていたという。**関西のオバちゃんこそ、真の国際人である。**私も、海外に行き確信したことがある。**こちらと相手が、真剣にコミュニケーションする意志さえあれば、日本語と現地の言葉でも意思疎通《いしそつう》は可能である。**

○開運レッスン「守護霊に頼めばオールマイティーに願いが実現する」

しかし、運がない人は、努力できない。勉強もできない。では、どうすればいいのか?**神仏と守護霊に頼むのだ。守護霊はいる。衣食住に関わる一身上《いっしんじょう》のことなら、99%守護霊が解決できる。**結婚や就職、人間関係も守護霊が守ってくれる。守護霊が解決できないことは、「運命そのものを大きく変えること。寿命を延ばすこと。人類救済のような大きな話」だけである。それ以外は、守護霊が守護神や神の許可を貰えば、運の総量の枠内であれば叶える事ができるのだ。

◯運勢そのものを変えるのは神社の神の仕事

例えば、「結婚相手がいない」という運命だったとする。そうした場合は、官幣大社《かんぺいたいしゃ》や一宮《いちのみや》の産土神社の出番である。**運命そのものを変える必要がある場合は、伊勢神宮や官幣大社にお参りして、「結婚できないという運命」、「貧困に苦しむ」という運命を変えてもらうのである。**

◯開運レッスン「金運や出世の神頼みの方法」

さて、金運や出世に関して、守護霊に何を頼めばいいのだろうか？

「努力できる環境に変えてください。努力できる根性を下さい。どうやったら、賢くなれるのか教えてください。受験に合格する参考書や教師と出合せてください。そもそも、どこの大学に行けばいいのか？　どこの大学院に行けばいいのか？　どの試験を受ければいいのか？　わかるように、社会常識のある懇切丁寧な方法で、私にも必ず理解できるように教えてください。そして、努力できるようにしてください」と祈るのだ。**キーワードは、「努力できるようにしてください」である。**さらに、「努力できる環境、支援者、お金等を整えてください。相当、図々しい祈りですが、どうか聞いてください」と頼むのである。今の環境をそのまま言えばいいのだ。「無職で馬鹿ですが、仕事につけるように、努力させてください。馬鹿が賢くなるようにしてください」と。

○神は人間の大先祖である

守護霊や守護神、神は、人間の先祖である。天皇家の先祖は、天照大御神である。藤原氏の先祖は、天児屋命《あめのこやねのみこと》である。『**古事記**』**と**『**日本書紀**』**を読めば、全ての人間の先祖が神であることが書かれている。**つまり、大先祖霊が、神であり、先祖の中で優秀な人間が守護霊であり、その子孫が人間である。『古事記』、『日本書紀』、『古語拾遺《こごしゅうい》』は、絶対に読んだ方がいい。神社に参拝した時に願いが叶いやすくなる。また、**守護神も神話の系譜の神なので、守護神が守護する力が何倍にもパワーアップするのだ。**あなたを守る守護神は、必ずこの3つの書籍に出てくる神のどれかである。

○天皇とは日本教の大宮司である

天皇とは、日本教の大宮司《だいぐうじ》である。日本教とは、**神道をベースに、儒教、道教、仏教、景教《けいきょう》（ユダヤ教系キリスト教）等と融合《ゆうごう》した多神教**である。修験者や神道と、ユダヤ教の類似性が指摘され、日本人とユダヤ人のルーツが同じと主張する人もいる。景教は、実質的には、ユダヤ教なので、聖徳太子の時代に秦河勝《はたかわかつ》等が、ユダヤ教の文化を日本に導入したのだ。景教をネスタリウス派キリスト教と世界史で習うから、わからなくなるのだ。

景教とは、ユダヤ教である。飛鳥時代にシルクロード経由で、ギリシアのパルテノン神殿の建設様式が日本に伝来している。**パルテノン神殿の建設様式が伝来するくらいであるから、ユダヤ教が伝来しているのは、当たり前のことである。**

○日本に伝来した文化は必ず残る

秦氏はユダヤ系中国人である。日本に伝来したものは必ず残る。**密教も、ゾロアスター**

教をもとに作られている。中国等の大陸文化は、焚書《ふんしょ》の歴史がある。定期的に、仏教を弾圧してみたり、老荘思想や道教を弾圧してみたり、儒教を弾圧してみたりする。そのため、焚書で焼かれ、あるいは、戦乱で紛失し、中国古典が残らないのだ。実際に、中国本土には原書がないが、日本には原書がある中国古典も存在する。

○開運レッスン「神や守護霊への効果的な頼み方」

話はそれたが、**神や守護霊には、「努力できる環境にしてください」と祈る。**そして、**環境が変わるまで祈るのだ。**病気で努力できなかったら、**「努力できるように、病気を治すか、病気のままでも努力できる環境にしてください」**と祈るのだ。お金がなくて、進学できない場合も、「お金を下さい」と祈る必要はない。**お金は、幸せになる手段ではあっても、目的ではないからだ。**「奨学金等の手段で、進学できる環境を作ってください」と祈ればいいのである。

子供の教育費がかかるとする、あるいは習い事のお金が支払えないとする。「子供が、本当に幸せになれるのであれば、ピアノを習える環境にしてください」と祈ればよい。

「努力できるようにしてください」、「幸せになれる環境に整えてください」と祈るのだ。守護霊や神に祈れば、最終的には、金銭問題は解決するように導いてくれる。ポイントは、**「努力できる環境にしてください」という祈り**である。もし、今、病気等で働くことが難しければ、生活保護が給付されるようになる。もちろん、自治体に相談したり、無料法律相談を受けたり、ネットで「生活保護、受給方法」を検索したり、あらゆる努力が前提になる。

◯開運レッスン「職場の人間関係を円滑化するお土産の選び方」

職場の人間関係が苦手な男性からの相談も多いのだが、出張のお土産、ホワイト・デーのお返しが下手なのだ。私は、農水省在職中は、昼休みは銀座に行き、銀座に新しくできたお店のスイーツを買ってきて、男女、両方に配っていた。お菓子でも、誰でもわかるブランドがある。帝国ホテルやニューオータニ、千疋屋《せんびきや》、ダロワイヨ等のブランドである。

次に、知る人しか知らないブランドがある。例えば、**麹町のローザ洋菓子店のクッキーは、通販で買えない。予約して、お店まで取りに行かないと買えない。**そこで、生ハムの枝肉をあげたお礼に、ローザのクッキーを頂いたことがある。丸の内等で働く人は、男女ともプレゼントを貰いなれている。そこで、**わざわざ、手間をかけて、買ってきましたという**プレゼントを贈るのである。しかし、普通の人には、わからない。そこで、帝国ホテル等のブランドのお菓子を贈るのである。また、**宮中晩餐会《きゅうちゅうばんさんかい》、宮内庁《くないちょう》御用達《ごようたし》、英国王室御用達やノーベル賞の晩餐会、オバマ大統領やトランプ大統領に首相がプレゼントしたものは必ず、チェックしておくべきである。**プレゼントにはストーリー性が重要なのだ。そして、そこまで吟味《ぎんみ》してプレゼントしても、3つあげて、1つ喜ばれれば、運がいい方である。出張のお土産や差入れ禁止の職場なら仕方がない。しかし、差し入れやお土産で、新幹線の駅や飛行場の売店で売っているものを買っていくのはセンスがないといえる。人はプレゼントが嬉しいわけではない。**大事にされていることが嬉しいのだ。職場の人間関係に問題がある場合は、多くの相談者の話を聞いてみると、職場の人に気を使っていないことが多いのである。**

○開運レッスン「純金は、財宝を呼び込む力がある。お金はお金を呼び寄せる」

ここからは、スピリチュアルな話なので、スルーしたい人はスルーしてもいい。守護霊に頼み、努力すれば、誰でも金運は改善されるからである。まず財布等に純金を入れておく方法がある。中国の蓄財法《ちくざいほう》の基本だが、**金《きん》はお金を呼び寄せるのだ**。また、**「お金は、仲間のお金を呼び寄せる」というものがある**。そこで、甕《かめ》に銭を詰め込んで、家の地下に埋め、「お金を呼び込ませる」という方法が古来より、ポピュラーに行われてきた。また、純金は、1グラム数千円で買える。多ければ多いほどいいが、数グラムでも効果がある。ただし、純金のみである。**財布にお守りとして、純金をネット等で購入し、入れておくのだ**。純金は、加工していない方が安い。また加工した金は、加工業者の念が入る。なので、加工していない純金や純金硬貨の方がいい。例えば、純金硬貨は1グラム、1万円するが、純金そのものは1万円で2グラム買える。であれば、硬貨1グラムより、純金2グラムの方が効果が高いのだ。

○開運レッスン「イメージ力で、金の延べ棒を作りだせば、金運がアップする」

この方法は、あなたのイメージ力が重要になる。**1円玉のように薄っぺらい純金を、1**

キログラムの金の延《の》べ棒《ぼう》であると確信し、１キログラムの金の延《の》べ棒《ぼう》を持ち歩いていると、24時間、３６５日、イメージするのだ。しかし、純金を使わなければ、「イメージだけでは効果は落ちる。」**１グラムの金でも、イメージすることで、霊界では１トン、10トンの金に変える事ができるのである。**

○開運レッスン「金庫に金塊《きんかい》を入れておくと財産が増える」

金《きん》は、財を呼び寄せることができる。そこで、**株や証券、通帳を保管する金庫等に、金塊を入れておく。**経営者であれば、会社の金庫に純金を入れておく。**金塊そのものが、財産を引き寄せるのだ。**平安時代には日本に伝来していた方法である。

○開運レッスン「お金はお友達である。お金は、あなたの大親友である」

お金はあなたのお友達である。**お金は、あなたの大親友である。**あなたに財運がないとすれば、前世の悪因縁が理由ではなく、単純に「**お金を敬《うやま》い、お金を愛し、お金を友達**」

と思っていないからである。お金は、悪ではない。これは、古典的な「引き寄せ」本のテーマである。**お金は、手段であり、目的ではない。「世の中の人が幸福になるように使い、自分を幸せにすることに使えばよいのだ。」**

○ギャンブラーはお金ではなくギャンブルを愛している

お金は、循環してくる。**ギャンブルやパチンコで、お金が入ってこない理由は、悪銭だからではない。お金を愛していたら、なぜ、友人であるお金を簡単に、パチンコ玉に交換してしまうのか？**　お金をお友達と考えていたら、パチスロにお友達を使えないはずではないか？　**ギャンブル好きは、お金よりギャンブルが好きなのだ。だから、お金に嫌われるのだ。**

○開運レッスン「紙幣が快適に過ごせるように、財布の紙幣の向きはそろえること」

漫画のパタリロはマリネラ国王であり、世界有数の大金持ちである。パタリロは全ての小銭に名前をつけている。小銭を、手放す時は、涙する。

お金を愛するというのは、持っている紙幣の記号を暗記するレベルで、お金に意識を向けることである。「お金持ちは、お札の向きをそろえる」という。「お友達の福沢さんや渋沢さんが快適に過ごせるように、顔の向きをそろえてあげるのは、当たり前のことである。

○開運レッスン「福沢諭吉や渋沢栄一《しぶさわえいいち》の研究をするとお金はとても喜んでくれる」

『学問のすすめ』や『渋沢論語』を読むことも、重要である。**なぜなら、お金はあなたのお友達だからだ。紙幣に書かれている。福沢諭吉や渋沢栄一は、あなたにとって家族である。**福沢諭吉先生の『学問のすすめ』や『福翁自伝《ふくおうじでん》』を読み、これからは、渋沢栄一の『論語と算盤《そろばん》』や『渋沢論語』を熟読し、あなたの意識を真剣に紙幣そのものに向け続けるのだ。

○開運レッスン「貨幣《かへい》博物館や国立印刷局に行き、お金博士になること」

日本銀行には隣接して、「貨幣《かへい》博物館」がある。東京都北区王子には国立印刷局の「お金と切手の博物館」がある。そして、北区西ヶ原《にしがはら》（探偵の浅見光彦の実家もある）には、国立印刷局・東京工場がある。現在、紙幣は「東京工場、小田原工場、静岡工場、彦根工場」で作られており、事前に予約すれば見学できる。お友達であるお金がどうやって作られたか？　を見学するのは、**お金の親友であるあなたの使命である。**日本銀行の「貨幣博物館」では、東京凮月堂の**お札サブレ**が売られている。お札サブレは財務省でも売られており、官僚の帰省土産として有名であった。さらに、鳳産業《おおとりさんぎょう》という会社がある。国立印刷局のＯＢが作った会社である。そのため、お札サブレや、日本銀行等でお土産として売られている**１万円札タオル**等のお金の公式グッズを製造しているのだ。鳳産業は通販をやっている。東京の三田や神奈川の日吉には慶應義塾がある。大分の中津には福沢諭吉の生家がある。そこには、**あなたの家族である福沢諭吉さんの銅像がある。**東京都北区の飛鳥山公園には、あなたの親友である渋沢栄一さんの自宅跡に、渋沢史料館等がある。**イメージの中で、福沢諭吉さんも、渋沢栄一さんも、親友にするのだ。そのための媒介《ばいかい》として、お札タオルやお札サブレがあるのだ。**紙幣の肖像画のモデルのグッズで身の回りを固める。そして、伝記や著書も熟読する。さらに、慶應義塾大学や一橋大学（渋沢栄一が創立者）

に入学する。そこまでやるのだ。

○開運レッスン「お金を引き寄せる究極の瞑想《めいそう》秘術《ひじゅつ》」

やりすぎると魔術になるので、よくよく気をつけて欲しい。

本書の他の部分を読んでいなければ、効果がでないはずなので大丈夫なはずだが、**立ち読みで、この部分しか読まない根性なしはセコい邪霊がやってきて、人生を狂わされ、セコい人生を歩むことになる。やるなら、本書を熟読してからにして欲しい。他のレッスンをやり、神社で神頼みし、守護霊に頼み、努力すれば、出世運も金運もくれるので、無理に試す必要はない。**へそのコイルからみぞおちを使うやり方があるようだが、へそのマニプラ・チャクラとみぞおちのアナハタ・チャクラではなく、尾てい骨のムーラダーラ・チャクラを使うのだ。正確には頭頂部のサハスララ・チャクラから天運を受信し、尾てい骨のムーラダーラ・チャクラに送るのだ。**チャクラは、ヨガをイメージしてはいけない。**日本神界のみに意識を向けて欲しい。天津祝詞《あまつのりと》と併用した方がいい。伊勢神宮か太陽が、頭の上で輝いているイメージで行うといい。もう1つ、1日、5分以上やらないこと。

お札が、天から渦《うず》をまいて、自分の尾てい骨あたりに、スパイラルで何百万、何千万、何億円、何十億円、何百億円、この世のすべてのお金が地上から無限に吹き込んで自分の体内に入り込んでくる様子をイメージする。金色のオーラで入ってくる。お札が舞い込んでくるのだ。

あなたの部屋の中で、右を向くと札束が山のように積んである。左を見ても、足元をみても、お札が何億、何十億と積んである。このイメージを毎日、繰り返すのだ。（のめり込まない事）

〇開運レッスン「自分の身体の中に、お札を刷る印刷機があると確信すること」

国立印刷局を見学したあとは、自分の身体の中に、**お札の印刷局があり、無尽蔵《むじんぞう》にお札を身体の中で刷り続けているイメージを持つこと**である。無尽蔵に、お金を刷り出せる神もいる。いらっしゃるが、無尽蔵に金運を無条件で与えることはできない。また、そんなことをすれば、ダメ人間を大量に生み出すことになる。

○開運レッスン「財布と靴は定期的に買い替えると、お金が入ってくる体質になる」

財布は、あなたのお友達である紙幣を保存する大切なお家である。快適に、お友達であるお金に過ごしていただく必要がある。**お友達のお金に対するホスピタリティーとおもてなしである。**

財布の色は、「白色」、「黒色」、「茶色」が良いが、あまり気にしすぎないほうがいい。

財布は、1~2年で買い替える。自分にとって高すぎず、安すぎないものがいい。あまり高級な財布を買うと、1~2年で買い替えられなくなるので、1万円前後の財布でもいい。

お金は、他人が触ったものが循環してくる。そのため、邪気が財布にたまっていくのだ。**伊勢神宮でも20年に一度、式年遷宮《しきねんせんぐう》をする。神道はケガレを嫌う。**神社でも参拝者の邪気がたまっていくので、定期的に建て替えて、ケガレを祓うのだ。**靴も同じである。同じ靴を履き続けると、外から入ってくる大地のプラスの運気を吸収しづらくなる。**そこで、財布と同じように、1、2年で買い替えた方がいいのだ。高級品を持つ場合は、パーティー等にのみ履き、あとは大切に保存しておけばいい。普段、履く靴は、身の丈にあった靴にして、１、２年で買い替える。高級靴は、高級な場所にだけ履き、それ以外は、大切に保存しておけば良いのだ。

○開運レッスン「スマホはお金を生み出す打出の小槌である」

最近は、電子マネーの普及で、スマホ決済も増えた。そこで、スマホも、財布と同じように、電子決済に使う場合は大切にする必要がある。スマホは電話ではない。**お金が無限に出てくる大黒天の小槌《こづち》である。**お金は、数字なので、数魂《かずたま》である。**電子マネーやクレカは、数魂が無限に増えていくイメージが出来れば増えていくのだ。**ユダヤ人は、カバラの数魂を使う。神道もひふみの祓《はら》い等は数魂を使っている。お金を自由自在に操れるかどうかは、数魂を使いこなせるか？　どうかが大きいのである。

○開運レッスン「通帳をコピーして残高を3桁増やすべし」

お金は、数魂である。カバラを使いこなせるユダヤ人に大金持ちが多いのはそのためである。数には、神や霊が宿るのである。自分の銀行口座の通帳の預金残高をコピーする。**そして、残高が10万円なら、3桁増やして1億円とボールペンで書くのだ。2冊、3冊通帳があれば全部コピーして、残高を増やすのだ。ボールペンは、金色を使うといい。**バカバカしいと思うであろう。子供は、純真である。サンタクロースも信じる。小さいときは霊が見えるという子供も多い。神の世界は、子供のお遊戯《ゆうぎ》の世界にある。お寺でも仏像があり、法具がある。僧侶も神主も衣装を着る。その気になるために衣装を着て、法具《ほうぐ》を使って、祈祷をするのだ。イメージ力があれば、衣装も法具もなしで、霊力は出るのだ。東大寺の大仏は莫大《ばくだい》な国家予算で建立した大仏である。

同じように、**本にさらっとやり方を書いても、ありがたみがないので、使いこなせない人が多いのだ。同じ方法を3時間、5万円、10万円の「金運アップセミナー」で教えれば、ほとんどの受講生が成功する。１００万円の受講料を取ってやれば、あなたは命懸けでこ**

の方法をやるので必ず、残高が増えていくのだ。その違いは、やる側の本気度だけである。

○開運レッスン「最初は10万円を貯金すべし」

お金が増えるといっても、信じられない人も多いであろう。

お金が増えないと思ったら、増えない。そこで、最初は10万円の種銭《たねぜに》を貯金するのだ。その種銭が出来たら、次は１００万円。１０００万円、１億円、10億円と目標額を上げていくのである。神とは、宇宙そのものを創造した絶対神である。絶対神が金運アップのために、動くことはないが、絶対神の働きの一部を持っているのが神仏や守護霊である。

○開運レッスン「自分はできないという霊界を作らないこと」

ビル・ゲイツ等の富豪がいる。何兆円、何十兆円持っている人がいる。**人間が出来ることなら、あなたにも絶対にできる。その確信があれば、「あなたの意識の壁」を破ることが出来る。**

運気の問題や能力の問題もあるが、意識の壁を作り、自分の可能性を閉じている人も多いのだ。意識の壁をやぶらないと、霊界を作ることが出来ないのだ。**出来ない人は、「自分はできない」という霊界を作ってしまうから、余計に運が悪くなるのだ。意識の壁とは、能力ではない。霊界を作るイメージ力なのである。**

○開運レッスン「収入は10％ずつ増やしていくこと」

給料を貰っている人は、年収が10％程度、増えるように努力するのだ。歩合給ならいい。歩合給ではない場合、どうするか？　一つは転職することである。もう一つは、出世することである。年収2000万の人がいきなり、年収10000万になることはない。もちろん、本人に能力があり、意識の壁がなければ、年収2000万から年収1億円になることも可能である。**年収200万なら翌年は220万〜250万を目指すのだ。そして、受験勉強と同じで、収入はいきなり増えない。**勉強をしていても、偏差値も、半年〜1年、50ぐらいの状態が続く。しかし、勉強をしていれば、半年後にいきなり50から55、55から60にアップする。年収も同じなのだ。努力の結果は、右肩上がりに伸びていくことはない。**水平線**

が続き、結果が出て、上のランクに行き、また水平線が続き、上のランクに行く。経験則で、努力、成果の出方を知らないから、何をやっても成功しないのだ。

○開運レッスン「大黒天真言で金運アップ」

大国主大神《おおくにぬしのおおかみ》や大黒天《だいこくてん》の守護を受ければ、お金持ちを連れてきてくれる。成功や出世に繋がる縁を結んでくれるのだ。大黒天は、自分で呼べる。大事なことはイメージ力である。3メートルぐらいの金色に光る大黒天が打出《うちで》の小槌《こづち》を持って、走り回り、良い縁を結んでくださっていると確信するのだ。大黒天の真言は「おん・まかぎゃらや・そわか」である。唱える回数は数十回でいい。数百回。数千回も唱えると魔術になるので、数十回でいい。数回では少なすぎる。呪文とはそういうものである。

○開運レッスン「財布は自分より金持ちにプレゼントしてもらうと金運財布になる」

金運は、他人から分けてもらえる。そこで、お金持ちと仲良くなることが重要である。

お金持ちと仲良くなれば、金運は来る。また、自分よりお金持ちに、財布をプレゼントしてもらえば、金運をわけてもらうこともできる。お金持ちになるには、コミュ力が大切である。お金持ちに可愛がって貰えば、**「お金持ちの霊界」がある**ので、お金持ちの友達が増えれば増えるほど、金運はよくなるのだ。だから、私の多くの著作で、人付き合いの方法を解説しているのである。私の本は、一貫したテーマがある。それが農業や数学の本でも、**読んだ人の生活の具体的改善につながる本**というテーマで書いてある。つまり、私の本はすべて開運本なのだ。

○開運レッスン「財布を大事にすると金運がアップする」

財布を鞄などに入れて、持ち歩く場合は、福財布に入れるべきである。福財布は、神社等で売っている。もちろん、財布を福財布に入れて持ち歩くと、お金のお友達は増えても、人間のお友達が減る可能性はある。そこで、帰宅してから、財布を福財布等に入れて、休ませるのだ。**福財布で保管しなくても、綺麗な布袋等で代用すればよい。福財布は、凝りすぎない方がいい。欲望が強すぎると福財布に邪霊が宿るからである。**

◯開運レッスン「熊野本宮大社《くまのほんぐうたいしゃ》の富貴守《ふうきまもり》や小判守りというチート技を使う」

熊野本宮大社《くまのほんぐうたいしゃ》（和歌山県）の富貴守《ふうきまもり》は小判型だが、ずっしりと重い（郵送してくれる）。また、琵琶湖の竹生島神社《ちくぶしまじんじゃ》の小判守りも、参拝したら、１枚２００円なので、財布に入れておくといい（郵送不可）。**大神神社《おおみわじんじゃ》（奈良県）の金運守（カード型）もおススメである。**

◯開運レッスン「お金にお友達のお金を連れてきてもらう。友達の友達は、大親友作戦」

お金は、あなたのお友達である。お友達のお友達も、あなたにとっては家族のようなものである。お金を支払う時は、お金とお別れしてはいけない。**お金は、旅に出て、また、あなたのところに帰ってくるのだ。**そして、**お金を大事にするあなたにたくさんのお金のお友達を連れてきてくれる。**このイメージを常に持つのだ。支払いは、お金とのお別れではない。新しいお金の仲間を連れて、戻ってくるための、旅立ちである。心理学者のユングは、**全ての人間は集合的無意識《しゅうごうてきむいしき》でつながっている**と考えた。道教やチベット密教を元ネタにした発想である。**全てのお金は、霊界では集合的無意識でつながっている。お金を真心こめて大切にすれば、お金の友達をつれて、あなたのところに押し寄せてくるのだ。**

○開運レッスン「神田明神の名刺入れで、出世運UP！」

江戸総鎮守の神田明神では、「しごとのお守り」として、名刺入れを売っている。神田明神の主祭神は、平将門公《たいらのまさかど》、大己貴命《おおなむちのみこと》（大国主大神《おおくにぬしのおおかみ》）、少彦名命《すくなひこなのみこと》の3神である。大国主大神は、須佐之男命《すさのおのみこと》の婿である。出雲大社が本社である。少彦名命は、大国主大神の国創りを手伝ったブレーンの知恵神である。**大国主大神は、大国の主であるから、出世力がある神といえる。**『古事記』の因幡《いなば》の白兎の神様が大国主大神である。**神話は、神々の働きを、寓話《ぐうわ》で表している。**優しい性格の大国主大神が、様々な試練に打ち勝ち、大国の主となったのだ。つまり、**あなたも、出世するには試練には打ち勝つ必要があり、その試練に打ち勝てるように守ってくれるのが大国主大神**といえるのだ。

○開運レッスン「綺麗に掃除をするとご褒美で金運がＵＰする」

掃除をすると金運が来る。正確には、家相や風水と同じで、良い気のめぐりがよくなるのだ。気は、良い気も悪い気もある。悪い気を祓い、**良い気を呼び込むために掃除をして、ケガレを祓い清潔にする必要があるのだ。**神道や修験道では、滝や池、海、川で、水浴びをして、禊《みそぎ》をするが、水拭きによって、**伊耶那岐命《いざなぎのみこと》が黄泉《よみ》の国から戻ったときに行った、禊をあなたも行えるのだ。伊耶那岐命が、小戸《おど》のあわぎが原で行った禊を再現し、ケガレを祓うのである。**

○開運レッスン「高級ホテルで１５００円の紅茶を飲んでくると霊界がグレードアップする」

自分の霊界をグレードアップさせる方法は簡単である。高級ホテルに、お洒落して行き、１杯、１５００円する珈琲や紅茶を飲んでくるのだ。金持ちがいるところにいけば、良くも悪くも金持ちという霊界を作っている。**自分の日常生活の中に、お金持ちという霊界を**

作れば、お金持ちになれるのである。

○開運レッスン「貧乏な時ほど新幹線でグリーン車に乗れ」

新幹線でも、お金がない人はグリーン車に乗ったほうがいい。金持ちという霊界を作ることができるからだ。お金が出来たら、普通車に乗ればいいのだ。お金がないから、普通車に乗るという霊界を作ってしまうと、本当にお金がなくなるのだ。最初は、形から入り、最終的には、普通車に乗ろうが、グリーン車に乗ろうが、お金持ちの霊界を作れるようになることが大事である。

○開運レッスン「トイレには本当に最強の金運の神がいる」

トイレには、本当に金運の神がいる。衣食住全てを豊かにする神がおられる。お金が舞い込んでくる瞑想法をやるより、真剣に真心こめて、神社の境内を掃除するように、トイレが神社のような神域であると確信して、掃除をした方が健全である。トイレ掃除は掃除道具を使い、衛生的な方法で行うべきである。トイレの神は、何種類かおられ神道の神もおられる。1神だけ教えると、**烏枢沙摩明王《うすさまみょうおう》**もトイレの神である。この神は、物凄い力がある神であり、**トイレ掃除をしている人に不可能がないという凄い功徳を与えるために**寺院のトイレでお祀りしてあるのだ。烏枢沙摩明王の真言は「おん・しゅり・まり・ままり・まり・しゅしゅり・そわか」である。トイレにおられる中心の神は、**烏枢沙摩明王の何百倍も功徳がある大金運の神である。**大金運の神であり、確信すればすごい功徳が頂けるのである。ご神名は金勝要神《きんかつかねのかみ》様である。

○座禅で心を切り替える

第3章では、金運の話を中心に書いた。物欲は重くなれば、執着心となり地獄に感応《かんのう》してしまう。そこで、**心の切り替えのテクニックを学ぶ必要がある。**具体的には、**お金がいるときは、お金を引き寄せるが、無欲になるべきときには金銭欲を一切、捨てるのである。**この切り替えのテクニックを身につけないと、金銭欲で身を滅ぼすのだ。しかし、金銭欲や物欲がなくなれば、この世では生きていけない。どうすればいいのか？　必要に応じて、仙人にもなり、金銭欲の塊にもなれるように、心を自由自在に切り替えるのである。無欲になるのは、簡単である。老子、列子、荘子や仏教の経典を読めば、金銭欲はなくなる。しかし、老荘思想や仏教にのめり込むと社会生活が営めなくなる。そこで、座禅をやるのだ。まず、禅語録を読む。臨済録《りんざいろく》、無門関《むもんかん》、鈴木正三、白隠《はくいん》、道元の禅語録を読むのだ。次に、座禅である。寺院では、座禅講座をやっているので、日曜日の午前中などに行けばやり方を指導してくれるところもある。

我流でやる場合は、正座して、あるいは椅子に座り、手を組んで、背筋を伸ばし、静かに、ゆっくり鼻で呼吸するのだ。ポイントは、健康法として座禅をやることである。

○開運コラム「中途半端な平等心を持つと貧乏になる」

貧困に興味がなく、人は平等と思っていない人ほど、イデオロギーに関係なく、お金を持っているのだ。**あなたは、自分がお金持ちになって、より多くの人を助けるのだと意識を変える必要がある。そうすれば、お金が入ってくるのだ。**マーガレット・サッチャーは、**「金持ちを貧乏にしても、貧乏人が金持ちになることは絶対にない」**と言った。マルクスも意識が貧困に傾いているから、生活苦になったのだ。空想的社会主義のロバート・オーエンも白樺《しらかば》派《は》の武者小路《むしゃのこうじ》実篤《さねあつ》も全員、共同生活の原始共産主義的コミュニティーを作ることに失敗している。ロバート・オーエンは、叩き上げで大金持ちになった人物である。白樺派も、華族だから大金持ちである。**彼らは、意識を貧困に向けた時から、貧乏になったのだ。**引き寄せの法則では、お金はいいものであると教える。マーフィーの法則のエッセンスも同じである。キリスト教は、２千年間、「お金は汚いもの」と教えてきたから、ニューソートはお金はいいものであると意識改革をさせようとしたのである。

第４章

パワースポットで神を動かし大開運する方法

○パワースポットに行っても開運できない理由

なぜ、パワースポットに行っても、あなたの願いが叶わないのだろうか？　これは、1章で説明したが大切なことなので、もう1度、整理しよう。

原因1．その神社やお寺に神仏がいない

原因2．あなたの祈り方が間違っている。頼む神を間違えている。

原因3．願いを叶えるとあなたが不幸になる

この3つが主な原因である。4章では、**「どうすればパワースポットで、願いが叶うのか？」**について、解説していく。ところで、パワースポットとはなんであろうか？　有名なところでは、明治神宮の湧き水、神社や山等がパワースポットと呼ばれている。**風水の専門家は、「龍穴《りゅうけつ》」があるところがパワースポットであると説明する人もいる。**龍穴とは、プラスのエネルギーの通り道である。実際に、本当の龍穴には龍がいることが多い。**大自然のプラスのエネルギーが凝結し意志を持ち、天界の神から許され、龍となったのである。**

○パワースポットには聖なる存在がいる

パワースポットには、聖なる存在が必ずいる。まず神がおられる。**伊勢神宮の内宮、外宮。和歌山県の熊野本宮大社、九州の宇佐八幡、愛知県の熱田神宮、神奈川県の江島神社。長野県の諏訪大社等には神がいる。**そして、湧き水や滝、水がある自然の中のパワースポットには、龍や白蛇等がいる。**大自然の中の美しい景色がある場所には必ず聖なる存在がいる。**沖縄の石垣島や屋久島、富士山、アルプス山脈、八ヶ岳《やつがだけ》、榛名湖《はるなこ》、諏訪湖《すわこ》等の湖にも神がいる。

○開運レッスン「ミネラルウォーターを飲んで、パワースポットの幸運エネルギーを吸収する」

富士山や日本アルプス、立山、飛騨天然水等のパワースポットがある霊山で採水されたミネラルウォーターを飲むと開運エネルギーを吸収できるのだ。

○開運レッスン「富士山や石垣島、神社の写真を飾ると幸運エネルギーを呼び込む事ができる」

開運するポイントは、富士山や神社が目の前にあると確信することである。確信すれば、霊界がパワースポットと繋がることができるのだ。

○龍を動かすことは素人には難しい

最近、龍を動かす、龍を祀るという本を書店で見かけるようになった。しかし、**龍を人間が動かすことは、難しい。**高僧が、生贄《いけにえ》を要求する龍を改心させ、以後、龍神として祀られる様になった神社が各地にある。ポイントは、**龍を改心させたのは、霊力も、学問も抜群の高僧であるということ**である。龍を動かすことは、不可能ではない。ただし、**それが可能な人間は、龍が尊敬する学問と霊力がある人だけである。**仏典にも、釈迦《しゃか》が龍や地獄の夜叉《やしゃ》にも仏法を説いていたとある。実際に、釈迦は、あらゆるものに仏法を説く事ができたのである。

○神はパワースポットからいなくなることがある

あなたの願いが叶わない原因1点目の、パワースポットに神がいないという話を解説しよう。**神がパワースポットに常駐するのは、難しい。**なぜなら、人間界は波動が荒々しいからである。**神々は天界の繊細な存在なので、欲心まみれの人々が、邪な祈りをささげると、邪神にパワースポットを乗っ取られることがある。**また、パワースポットに来た人々のケガレも祓いきれなくなる。伊勢神宮では、1年365日、必ず、祭事を開催している。祈りに来る人以上に、神職が祭事を真心こめて行い、ケガレがたまらないようにしているのだ。もともと、伊勢神宮への庶民の参拝は、長い間、認めてこなかった。三種の神器の1つである神鏡は、天照大御神が降臨する依代《よりしろ》であり、崇神《すじん》天皇の時代に倭姫《やまとひめ》が、神鏡を背負って、持ち歩き、各地を旅したあとに、「ここに祀れ」という天照大御神の御神託《ごしんたく》があり、祀られたのが伊勢神宮である。祭主を行うのは、戦後は、皇族出身の女性である。現在は、上皇陛下の皇女であられる黒田清子様が祭主である。さらに、20年に1度、数百億円規模の式年遷宮で、神社をリフォームしている。**日本を守護する天照大御神の天界の**

パイプを維持し続けるというのは、莫大《ばくだい》な手間とお金が必要なのだ。神社も伊勢神宮に準じる維持活動を行わなければ、簡単に神はいなくなる。**いなくなるというより、神が降臨したくても、降臨できなくなるのだ。**最低でも、真心こめて祈りこむ宮司、清潔な神社と神域がなければ神の眷属《けんぞく》である龍等は残ることができても、神は降臨できなくなるのだ。

○お守りには眷属が入っている

神にお仕えする龍や蛇等を眷属という。**神社の御札やお守りには、眷属が入っている。御札やお守りに神が宿ることはない。**神そのものを宿すと、神社と同じお祀りを続けなければ、神が御札やお守りに留《とど》まれないからである。

○真心こめて祈ればパワースポットになる

神社を新しく創建《そうけん》し、神主を常駐させ、熱心に人々が真心込めて祈りこめば、神は降臨する。ただし、多くの神社は、**はじめから神が降臨できるような風水の龍穴や伊勢神宮の**

ように神から神託を受け創建されている。寺院を作る場所は、霊能力がある高僧の空海《くうかい》や行基菩薩《ぎょうきぼさつ》が開山した場所が多い。日光東照宮等の配置は、江戸時代に徳川家康のブレーンであった高僧の天海《てんかい》等が決めている。高野山や比叡山も空海、最澄《さいちょう》が全国を行脚し、天啓《てんけい》を受けて開いている。このように開祖は、必ず神や仏の言葉を聞いているのだ。

マザー・テレサでも、「もっとも貧しきもののために生きなさい」というイエスの天啓を受け、修道院を作った。1回、2回は神の声、仏のお告げがなければ、迫害されたときに、宗教活動をやめてしまうであろう。**いつも、神や仏の声が聞こえたら、邪神・邪霊である。**しかし、使命がある人には、1度は必ず、天啓（夢のお告げも含む）があるのだ。

○開運レッスン「弘法大師の御神名は、南無大師遍照金剛《なむたいしへんじょうこんごう》である」

神社やお寺にお祀りされている高級神霊には、御神名《ごしんめい》がある。菅原道真公の御神名は、「天満大自在天神《てんまだいじざいてんじん》」と説明した。弘法大師の御神名は、南無大師遍照金剛《なむたいしへんじょうこんごう》である。行基の御神名は、行基菩薩。修験道の祖である役小角《えんのおづね》の御神名は、神変大菩薩《しんぺんだいぼさつ》と申し上げる。

南無大師遍照金剛と、数十回、尊号《そんごう》を唱え、お姿をイメージしてご守護いただくのである。

○願いが叶うまでしつこく祈り続けること

原因2の願い方が間違っているについて、効果のある神頼みの方法を解説する。繰り返しになるが、3章に書いたように、**能力相応にしか、神も守護霊も動かないので、努力する。努力できるように祈るのである。**次に、**願いが叶うまで、しつこく祈り続けるのだ。**

○開運レッスン「願いが叶うまでお百度参りをすること」

神社参拝のやり方として、お百度参《ひゃくどまい》りがある。神社の中を往復し、100回、同じ願い事を祈り続けるのである。本来は、**100日連続で神社に祈願する百日参り**がルーツだが、多忙な現代人には難しい。そこで、1日でできるお百度参りをやるのだ。次に、**21日参り、21日祈願**というやり方がある。祈り続ける目安として、7日の倍数の14日、21日の間、毎日、神社等にお参りして、**同じことをしつこく願いが叶うまで祈り続ける**のである。

願いが叶うまで祈り続けるといっても、1つの目安がないと続かない。そこで、7の倍数の7日、14日、21日、連続して神社に参拝するのである。この方法は、近所の神社ならいい。しかし、遠方の神社では難しい。そこで、1泊して、朝一番に神社で祈祷を受け、お百度参りをし、さらに時間とお金があれば、もう一度、最後に神社で祈祷を申し込むのがおススメのやり方である。

○開運レッスン「神があなたの顔を覚えたか？　を知る方法がある」

有名な神社には、年間、何十万、何百万の参拝者が訪れる。そして、「家内安全、商売繁盛、恋愛成就、病気平癒」等を祈っていく。守護霊でもできることをいちいち、**神が参拝者の顔と名前を覚え、願いを叶える事はない。**通常は、龍や白蛇等の眷属に対応を任せている。

しかし、神に顔を覚えてもらう方法がある。**毎週1回、神社に行き5千円のご祈祷をお願いする。**神社の規模にもよるが、地方の一宮《いちのみや》なら、1、2ヶ月で宮司や受付の巫女さん達に、顔を覚えられる。**神社の宮司さんや巫女さんに顔を覚えられるというのが、神社**

の神様に顔を覚えて貰ったかどうか、判別する1つの目安である。ある官幣大社にお参りしている読者から聞いた話だが、**崇敬会《すうけいかい》に入り、毎月、祈祷に行っていたら、半年ぐらいで、顔を受付の人に覚えられたと**いっていた。ゆえに、5千円の祈祷料でも、6回、3万円で覚えてくれるのである。

○開運レッスン「お賽銭《さいせん》の金額は年間3万円を1つの目安とすること」

3万円というのは、1つの目安として使える。毎日、勤務先の近所の神社にお参りしている読者がいる。1回のお賽銭が50円で、年間200日前後で1万円。1回のお賽銭が100円なら、200日前後で2万円。新年の初詣に5千円のご祈祷を申し込めば、1万5千円~2万5千円になる。これを5年続ければ、毎日50円でも、5万円になる。

神は賽銭の金額を見る。お賽銭という形のある真心を見るのだ。もちろん、お賽銭も多ければ多いほどいいわけではない。**お賽銭が、多すぎると執着心の塊になるからだ。**

○輪廻転生《りんねてんせい》で人は経験値をアップさせている

原因3の願いを叶えると不幸になるについては、1章等で説明したとおりである。**神も守護霊も、あなたの「前世《ぜんせ》、今世《こんせ》、来世《らいせ》」の3つはわかる。**位があまり高くない守護霊で、「前世、今世、来世」が自力でわからない場合、守護神等が守護霊に教える。いずれにせよ、「前世に何をやり、今世、だいたいどういう人生を歩み、来世、どうなる予定か？」という情報がなければ、神も守護霊も、守護の方向性を決めることができない。私の経験上、ブラック企業の経営者は熱心なキリスト教徒が多い。それは、こういう見方もできる。**前世、世のため人のために、キリスト教の修道院で奉仕してきたけれど、現実社会のことがわからなかったので、今世は地獄に落ちるのを覚悟で、ブラック企業の経営者をやり、悪のノウハウを学び、来世、社会活動家になればより多くの人を現実的に救うことができる。ゆえに、スキルアップのために悪人に生まれてきたのである。**

異様に好き、異様に嫌いという感情は信じない方がいい。今世は、前世と逆のことをやらされる生まれ変わりのパターンも多いのである。

○祈祷料は神の開運サービスの対価ではない

神社の神様に捧げるお賽銭や祈祷料は、あなたの真心を形に表したものである。それ以上でもそれ以下でもない。1万円支払ったら、1万円開運するという発想は絶対に神に対して持ってはならない。なぜなら、守護神・守護霊は、無償であなたを守護しているからである。

神にお金を払えば、金運が貰える。恋愛成就するといった発想は、邪神・邪霊を呼び込むのだ。また、**神社やお寺の祈祷料は熨斗袋《のしぶくろ》に入れて納《おさ》めるといい。**形から入ると気持ちをこめやすいのである。神社は熨斗袋。お寺は無地である。100円ショップでも売っているので、私は10枚セットのものを鞄に入れて、筆ペンとセットで持ち歩き、いつでもお参りできるようにしている。

○開運神社参拝のお作法

いろいろな神社のマナー本が出ているが、**神はテレパシーが使えるので、人間の考えていることはわかる。**そこで、よほど非常識なことをしない限り神は怒らないので、あまり堅苦しく作法にこだわらない方がいいと思う。**マナーよりも真心が第一である。服装も仕事に着ていける格好なら問題ない。神はクールビズも知っている。もし、クールビズの知識がない神なら、神格が低いので、対したご利益はない。**

神は、マナーを気にしない。縄文時代以前から、神社ができる前から祈りこまれていたのが神である。最低でも数万年以上の歴史はある。縄文、弥生、大和朝廷、平安、鎌倉、室町、江戸、明治、現代とマナーも祭り方も変わっているのだ。ただし、**多くの伝統ある神事は、神と直接、交流が可能なシャーマンが天啓《てんけい》で決めたものも多い。**一般的には、鳥居前で一礼し、神に挨拶する。神の通り道である参道の真ん中を歩かないことも大切である。しかし、初詣等で混雑している時、そんなことはできない。手水《てみず》も、左手、右手、左手と洗い、最後に口を注ぐ。イザナギの禊の真似である。もちろん、神社本庁が決めただけなので、神は気にしない。**手と口を洗い、清潔にして、真心こめて、お参りすればいいだけである。**賽銭は、5円はやめた方がいい。できれば1千円以上。可能なら、5千円〜1万円の祈祷料をおさめ、祈祷を受けるか、数万円の神楽料《かぐらりょう》をおさめ、神楽をあげた方がいい。手水の使い方も、後付である。本当に、正しいマナーかどうかは、神に直接、確認しないとわからないのだ。もちろん、邪霊が来るから、絶対に、神に確認したらダメである。**神社参拝の神社が決めた公式マナーを守り、意識だけ、神様に向けるのだ。**伊勢神宮でも、光明真言《こうみょうしんごん》をあげたり、般若心経をあげている人いる。好きにやればいいのだ。**日本は、神仏習合《しんぶつしゅうごう》の多神教なので、日本の神様は気にしない。**（職員や神職が困惑するので、社会常識は守ること。）**伊勢神宮の内宮、外宮では、1万円前後を式年遷宮に寄附すると、御垣内《みかきうち》で参拝させてくれる。**神社本庁が御垣内参拝目的の寄附を嫌がるので、あくまで寄附行為を中心にすること。**伊勢神宮の最高神域である御垣内では天照大御神が降臨しておられるので、絶対に作法以外のことをしたらダメである。**やりたければ、外でお経を上げたかったらあげればいい。そういう人は、たくさんいる。神は、作法は気にしない。とはいえ、龍や蛇等の眷属はものすごく気にする。また、神は作法は気にしないが、調和は大切にされる。そこで、神主や職員が参拝者と、無意味にもめることは嫌がるのだ。ゆえに、寺社が作法を示している時は、神社やお寺の作法を守るべきである。

○開運レッスン「三峯の大口真神《おおぐちまがみ》をお祀りし、トラブルを回避する」

埼玉県の三峯神社《みつみねじんじゃ》には、御眷属拝借《ごけんぞくはいしゃく》という信仰がある。**大口真神という日本狼を神格化した、盗難、火事、トラブルにバツグンの守護がある眷属である。**

あるスピリチュアル系の本に、三峯の大口真神は怖いと書いてあった。いわく、ある人が、毎年、御眷属拝借に神社を訪れていたが、帰りのバスでうっかり、御札を地面においてしまった。そうしたら、突然、死んだという。霊力バツグンの存在は、戒《いさ》めも怖いとあった。どこの邪神？　だ。大口真神のお札を鍋敷きに使っても、絶対に怒らない。とはいえ、やらないようにして欲しい。怒りはしないが、大口真神が困惑するからである。**祟ったら、邪神、邪霊である。**ただし、絶対にやるなという伝承があることはやらない方がいい。具体的には、**神社の石等を無断で持ち出す行為である。**伊勢神宮や神社、お寺の石や葉っぱを無断で持ち出す行為である。法的にも問題があるが、眷属が怒るのだ。考えてみれば、わかることである。あなたの家に、無断で知らない人が入ってきて、庭の木や石を持ち去ったらどう思うだろうか？　知らない人でなくてもいい、友達が、無断で庭の鉢植えを持っていったら、不快に思うであろう。もし、どうしてもその鉢植えが欲しいなら、どこで買えるかを聞く、買うのが難しければ、値段を聞き、譲ってもらう。無料であげるといわれても、常識がある人間なら、鉢植えの値段より少し高めのお礼の品を持参するであろう。

神は寛容である。神は怒らない。しかし、眷属は怒る。**守護霊も社会常識には異常なほどにうるさい。そこで、論語等を勉強し、眷属や守護霊に対する礼儀、作法を身につければ、守護してくれる力が10倍、人によっては１００倍以上にパワーアップする。**三峯神社の大口真神も、寛容である。しかし、眷属であるので、お祀りする際には、祈祷料を納め、まず三峯神社の神の守護を頂く。そして、三峯の主祭神《しゅさいじん》の守護の下、眷属である大口真神をお祀りするのだ。龍や蛇を直接、祀ることも、おススメしない。なぜなら、祈祷した時に、**神社の主祭神が必要な龍や蛇をすでに派遣しているからである。**眷族には、あなたの前世、今世、来世はわからない。わかるとすれば神の位がある眷属だけである。三峯の大口真神が怖いというスピリチュアリストの話も、主祭神を第一にするという原則を知らないゆえの勘違いであろう。

○皇居に降りる大嘗祭《だいじょうさい》の天界のパイプ

令和元年。新天皇がめでたく御即位された。一世一代の大嘗祭《だいじょうさい》も行われた。こうしたイベントのあとに、必ず、皇居にスピリチュアリストが集まるのだ……。もちろん、無私《むし》無欲《むよく》なスピリチュアリストであればいい。しかし、多くの人はご利益を求め、開運を求め、皇居に行く。そこで、**皇居は、日本最大のパワースポットの一つであるが、**大嘗祭《だいじょうさい》から2、3年たって落ち着くまでは、パワースポットとしては皇居に行かない方がいいと思う。行くのであれば、**天照大御神様と一体になられた天皇陛下の鎮座する皇居に、日本国と全人類、皇室の天壌無窮《てんじょうむきゅう》の繁栄を祈念しにいく**のだ。もともと、そうした人々を守護するのが、天照大御神であり、伊勢神宮や皇居、天皇陛下、皇后陛下に降臨する神々である。

強欲な人やエゴイストは、神に嫌われるのだ。

○開運レッスン「天照大御神と一体化している天皇陛下は人間パワースポットである」

天照大御神は、天皇陛下に降臨している。そういう仕組みを、神武天皇が日本を建国するより、太古の時代から神話の神々が準備してきたのである。そして、天皇陛下がお登りになる山は、不思議なことに神山・霊山である。であれば、あなたが拝むべき神山・霊山は、陛下がお登りになられた神山・霊山であることは理解できるはずである。

○眷属に願掛けすると不幸になる

現世利益に強い存在は邪神・邪霊・悪魔である。次が、神社やお寺の神仏の眷属の龍や白蛇、稲荷等である。しかし、**あなたが龍や蛇、稲荷等に直接、頼み事をすると、大変なことになる。**自分自身の欲にやられて、眷族をあなたがコントロールできなくなるからだ。ゆえに、眷属は、直接、拝まないほうがいいのである。神社の主祭神にお願いして、必要な眷属を動かしていただくのだ。**人間から、龍を動かしてください、白蛇を動かしてくだ**

さい、稲荷を動かしてくださいと頼んではならない。主祭神の責任と判断にゆだね、必要な守護をいただき、お礼のお賽銭も主祭神におさめるのだ。そうすれば、眷属は主祭神がコントロールしてくださるのである。

○開運レッスン「どうしても叶えたい願いは熊野本宮大社に神頼みする」

私が熊野本宮大社にはじめて参拝したのは20代の頃である。Mさんというご当地ソングの女王がいる。この方は、毎年、熊野本宮大社で奉納演奏を行っておられる。そして、**順調に紅白に出演し続けている。紅白の常連歌手で熊野本宮大社に参拝しているミュージシャンは多い。**霊験《れいげん》、あらたかではない。霊験あらたかすぎるのだ。**伊勢神宮の内宮、外宮で祈祷して、御垣内《みかきうち》参拝し、さらに、熊野本宮大社で祈祷して、お百度をして、守護霊とともに努力して、無理なら、もう宇宙創造の根源神や宇宙の最高神の何神かに頼むしかない。**今まで、読者にも熊野本宮大社の参拝方法は教えてこなかった。**現世利益が世界一強い神の一柱なので、努力し真剣に祈れば、たいていの願いが叶う。**そのため、**熊野信仰から抜け出せなくなる人が多いのだ。**

私が、乗ったタクシーの運転手さんは、歌手の美空ひばりさんが、お忍びでたびたび、熊野本宮大社を訪れていたこと。知り合いの運転手さんが、美空ひばりさんを熊野本宮大社まで何度も、乗せて行ったことがあることを教えてくれた。美空ひばりさんの恩師が熱心な熊野信者だったので、美空ひばりさんも困ったこと、行き詰ったこと、トラブルがあると、たびたび、熊野本宮大社を訪れていたという。熊野本宮大社は遠い。ゆえに、日帰りではなく1泊か2泊し、旅館やホテルのマイクロバスで、熊野本宮大社に送ってもらう。多くの宿泊施設がこのサービスを行っている。朝一番に祈祷してもらい、お百度を半日程度やり、また祈祷を受けて宿に帰るのだ。熊野の崇敬会員は、神域にまで入れていただくことができる。**院政時代、多くの上皇が京都から熊野古道を経て、熊野本宮大社に何度も、何度もお参りしている。現世利益バツグンの神である。**

ご利益がなければ、上皇も頻繁に参拝には訪れない。**芸能界だけでなく、宗教界、財界人にも隠している人が多いが、熱心な熊野信者は多い。**なお、参拝は熊野三山ではなく、熊野本宮大社1本に絞り、ひたすら祈った方がいい。もう一つ、熊野本宮大社の注意点がある。邪霊が多いのだ。あまりにもご利益があるので、欲心で参る人が多く、邪霊が集まっているのだ。そこで、**欲心と過度な執着心《しゅうちゃくしん》を捨て、願いが叶わなくても、それが自分**

にとって幸せなら一番いい方向にしていただいたのだと熊野の神を100%信じますという、無私無欲の境地になる必要があるのだ。

熊野本宮大社のご利益をいただき続ける秘訣は、最後は、熊野の神にすべてをゆだね、お任せし、無私無欲《むしむよく》になり執着心を捨てることである。そうしないと、**1回目はバツグンのご利益があっても、2回目以降は、自分の強欲でご利益をいただけなくなるのだ。**このあたりの気持ちの切り替え法は3章の座禅の効果で解説したとおりである。

○開運レッスン「邪霊祓いは大神神社《おおみわじんじゃ》と三峯神社が最強」

神道の神様は、繊細なので邪霊祓いは得意ではない。得意ではないから、中国から仏教の仏を日本に呼んで来て、神仏習合させ、邪霊祓いは、仏教にゆだねたのだ。**神仏習合させた方が、多様性のある守護、神道が苦手とする部分を仏教にゆだねることができると日本の神が考え、仏に日本に来ていただいたのである。**そして、宇佐八幡の僧形八幡《そうぎょうはちまん》のように、南無八幡大菩薩《なむはちまんだいぼさつ》にも自由自在に化身、合体できるのが、日本神道の器用な神々の最大の特徴である。本当は、法力《ほうりき》がある寺で僧侶に祈祷してもらった方が邪霊は取れるのだ。

法力のあるお寺を選ぶポイントは、**霊園経営に熱心すぎない、ビル賃貸や不動産経営に熱心すぎない、高級外車に乗っていない、である。**百歩譲って、外車1台ぐらいならいい。2台も、3台も外車を買い、クラブで豪遊している僧侶は、邪神しか呼べない。**仏教でお釈迦様が妻帯《さいたい》を禁じ、禁欲させたのも、過剰な欲望は、仏を遠ざけるからである。**もちろん、真面目な僧侶が飢える事を釈迦も仏も望まない。聖職者は、ほどほどの暮らしでよいのだ。

神社では、奈良の大神神社《おおみわじんじゃ》、埼玉の三峯神社が邪霊祓いには強い。しかし、邪霊祓いという祈祷項目はないので、厄除け、厄祓い等で祈祷を申し込み、自分で祈祷中に、**あらゆる邪霊をお祓い下さい**と祈るのだ。取れていないように感じたら、2回、3回、続けて受ければよい。**大神神社《おおみわじんじゃ》も三峯神社の神様も、日本随一の邪気、邪霊祓いの神である。必ず、祓えるという確信と神への信頼を持って、祈祷をうけるのだ。**必ず祓える。

あとは、熱田神宮、宇佐八幡も、武神なので専門ではないが、邪霊、邪気祓いをすることができる。千葉の香取神宮《かとりじんぐう》、長野の諏訪大社《すわたいしゃ》・上社、和歌山の熊野本宮大社も武の神であるから、ある程度の邪気・邪霊なら祓える。

○開運レッスン「大神神社《おおみわじんじゃ》の清めのお砂をまいて邪気祓い」

大神神社《おおみわじんじゃ》では、神域である三輪山のお砂を分けてもらえる。５袋入り５００円。１袋１００円である。これを自宅の庭や会社の観葉植物にまくのだ。**自宅や会社を神域化し邪気祓いできる。**また、樹木は邪気を祓うので、観葉植物を部屋や会社に置き、そこに三輪の神域の砂をまけば、強力な結界が作れるのである。神域の砂の無断持ち出しは、１００％、眷属に祟られるので、神社で、有料で分けているもの以外は持ち帰ってはならない。**三輪の清めのお砂は、家の四隅、会社の四隅、土地の四隅や嫌な感じがするところ、マイナスの邪気がありそうなところに撒《ま》くと邪気が祓える。**１年に１度、新しいお砂を撒くと良い。

○『古事記《こじき》』、『日本書紀《にほんしょき》』を読めば神社の神は10倍、あなたの願いを聞いてくれる

神社の神は、働きと来歴を知らないと、あまり動いてくれない。『古事記《こじき》』、『日本書紀《にほんしょき》』、『古語拾遺《こごしゅうい》』の三冊に神々の来歴が乗っている。そして、神社のＨＰやパンフレット、出

版物にも来歴が載っている。**とにかく、来歴を調べ、神社の神を褒《ほ》め称《たた》えるのだ。『古事記』か『日本書紀』で、必ず活躍しているので、その故事を褒めてから、自分の願い事を頼むのである。ストレートに書くと、神社の神や仏、あらゆる神仏には、ゴマすりが効く。宇宙創造の絶対神にも、ゴマすりが効く。**仏教の経典には、毘沙門天でも不動明王でも弁財天でも、みな功徳が書いてある。その集大成が、法華経《ほっけきょう》である。金光明経《こんこうみょうきょう》にも功徳が書いてある。完全に後世の偽経ではあるが、毘沙門天功徳経、大黒天経、弁財天や不動明王の功徳経も数種類ある。**この功徳経で、いかに大黒天が素晴らしいか、毘沙門天が素晴らしいかをあなたが、心から納得した瞬間に、仏が降りてくるのだ。**神社の神々は、こうした功徳経が少ない。そこで、『古事記』や『日本書紀』、『古語拾遺』と神社の来歴を熟読し、神の活躍、功徳を褒め称え、真心こめて誠心誠意《せいしんせいい》、ゴマをするのだ。

○開運レッスン「お墓と仏壇、開運する先祖供養のやり方」

仏教は、死んだら終わりの宗教である。死体も燃やして、あるいはそのままガンジス川に流しておしまいである。諸行無常《しょぎょうむじょう》だ。ではなぜ、お墓があるのか？　一つは、神道の祖霊崇拝《それいすうはい》が原因である。日本に中国仏教が伝来した時に、**神道の古来の祖霊崇拝と先祖供養が融合したのである。**日本人の大先祖は、神である。神になった祖霊を崇拝するのだ。中国では、儒教が子孫を残すことを重視する。先祖供養の宗教が儒教である。位牌《いはい》も、先祖供養するために、儒教が生み出した文化である。孔子を祀る湯島の大聖堂には、位牌が並んでいる。あれが、日本の仏教の位牌の原形である。

もちろん、神道の先祖崇拝文化、先祖は神であるという文化と儒教の先祖供養、中国仏教が合致したので、日本に位牌やお墓等の先祖供養の儀式を受け入れたのである。お盆も神道の行事である。『日本書紀』には、神道の先祖供養と融合させ、仏教の盂蘭盆会《うらぼんえ》をはじめたという記述がある。中国でも祖霊信仰があるが、日本の場合、祖霊は天照大御神等の『古事記』に登場する本当の神々である。この神々を祀るのが、本来の先祖供養である。

しかし、そんな知識は先祖霊にはない。**先祖霊は、死んだ時の知的水準のままで霊をやっている。ゆえに、先祖霊にも理解できるように解説してあげる必要があるのだ。先祖霊には、人は死んだら、霊界《れいかい》に行く義務があること、霊界で修行すること、とにかく、自分の守護霊や神仏に自分で真剣に祈って、霊界に連れて行ってもらうようにすることを説明すればいいのである。**

よく質問されるが、**お墓より位牌《いはい》が大切である。**モダン仏壇でいいので、**位牌を祀り、余裕があればお墓を作ればいい。**墓を維持するのが難しければ、永代供養等をして、宗門の本山にお骨を納めればよいのだ。

先祖供養は、今、家族関係、親戚関係が悪くなければ、あえてやる必要はない。先祖は大量にいる。いい霊界にいっている霊も、悪い霊界に行っている先祖も両方いる。回忌《かいき》供《く》養《よう》と、お盆の墓参り以上のことをすると、悪い霊界に行っている先祖が助けを求めて出てくることがある。そこで、今、家族仲良く、親戚関係も上手くいっているなら、先祖供養は、新たにやる必要はないと思う。逆に、**家族関係、親戚関係が最悪の家は、先祖供養を真剣にやった方がいい。**先祖は、子孫である家族や親戚に影響を与えることができるので、**供養のお礼に家族関係、親戚関係を改善してくれるのである。**ただし、霊は供養する人の気持ちがわかるので、純粋に先祖の幸せを祈る気持ちで先祖供養をやらなければ、逆効果になる。

お墓や仏壇には、先祖霊の食事をお供えする。私は、**コンビニ等で助六寿司、お菓子、お茶を買って、紙コップにお茶をいれ、紙皿に寿司やお菓子をとりわけて、箸をつけてお供えしている。**霊は、人間と同じなので、あなたが食べられる状態で出さなければ、食べることはできない。そして、**墓参りがすんだら、寺院の迷惑になるので、必ずお供えは持ち帰ることが大切である。お経は、延命十句観音経《えんめいじっくかんのんきょう》や観音経をあげ、さらに光明真言を唱え、「観音様はありがたい仏様なので、必ず助けてくれますから、助けてくださると確信してくださいね」と先祖霊に説明すればいい。**仏壇で先祖供養するときは、**観音経の現代語訳も一緒に音読し、「要するに観音経にはこういうことが書いてあるので、信じて救われてくださいね」と先祖霊に説明するのだ。**ただし、故人が熱心に何かの宗教を信じていた場合は、その宗教のやり方でやってあげればいい。そして、その後に観音経を唱え、「もしも信じていた宗教の神に救われていないのであれば、観音様に助けて貰ってください。いい霊界に行っているのならお幸せにお過ごし下さい」と祈るのだ。日蓮宗系であれば、**「南無妙法蓮華経で神仏が呼べますから、神仏や守護霊を呼んで、幸せになってください」**と先祖霊に説明する。浄土宗や浄土真宗であれば、**「阿弥陀如来《あみだにょらい》は、必ず救ってくれるので、信じておすがりして極楽浄土に行ってください」**と説明する。その次に、観音経のやり方をやればいいのである。先祖霊に説明するときのポイントは、**神仏は１２０％、信じないと救ってくれないということである。**成仏できていないとすると、**霊界に行くということを知らないから成仏していないか、神仏を信じきれていないので、救って貰えな**

いのである。この2点を、先祖霊には丁寧に説明してあげるのだ。

○開運レッスン「先祖霊には般若心経より観音経をあげたほうがいい」

私は、お墓や仏壇で般若心経をあげたことはない。**般若心経は、先祖供養では使えないのだ。般若心経のエッセンスは、空《くう》である。**ありとあらゆる存在は空である。目に見える形の色は、色即是空。すべて空である。ここまではいい。すべての空は、目に見える形を備えた色である。空即是色。矛盾している。そして、結局、目に見える色や感情は、すべて空だから、一切のことに執着しても空であるといっているのだ。この意味が、すらっとわかった人は、この本を読む必要はない。自分で、成仏できる人である。**普通の霊に、今の話を平たく、平たく解説して、わかるだろうか？　わかる霊もいる。生前、宗教や仏教を学んだ賢い霊である。なので、供養しなくても、自分で成仏している。**おわかりだろうか？　**供養が必要な霊は、頭が余りよくなく、生前、仏教や宗教に興味がなかった霊である。**なぜ、観音経なのか？　**観音だけが、誰が呼んでも、真心込めて、真剣に存在を確信して祈れば、100%、来てくれるからである。**

○開運レッスン「死んだら前向きに成仏すること」

死んだら、どのような死に方をしても、前向きに諦《あきら》めて、成仏《じょうぶつ》すべきである。殺されたりして、相手に否があったとしても、成仏するタイミングを逃すと成仏できなくなるからである。死ぬ直前までは、病気でも、何でも絶対に生きるのだという強い信念がいる。しかし、死んだら諦めなければいけない。そこで、禅のように、スムーズな心の切り替えの技術を学ぶ必要が出てくるのだ。

なんで死んだのか？　とか、もっと生きられたのではないか？　とか、いろいろ考えると、成仏できなくなるので、死んだ瞬間から、心を前向きに切り替えなければいけない。どうでもいいようなことを、悩む性質がある人は、死んだら成仏できない。そこで、禅をやって、前向きに諦める、執着をたつ技術を体得する必要があるのだ。**あなたが死んだ時に、成仏する秘訣は、死ぬ直前まではあがき、死んだ瞬間、諦めて、あの世に行き、来世の準備をするのだ。**死ぬ直前までは、今世である。死んだ瞬間から、来世がスタートする。

○死んだ瞬間から来世はスタートする

本当は、死んだ瞬間から、来世をスタートさせている人には回忌供養は必要ない。なぜ、1周忌、3回忌、7回忌、のように、33回忌から50回忌まで回忌供養をやる必要があるのか？　寺の安定収入確保のためにやるのか？　そうではない。**心の切り替えができない霊が大多数だからである。**葬式をやることで、自分が死んだことを自覚させる、そして、法事をやるたびに、死んだことを再確認させ、諦めてもらうために法事をやるのである。

○開運レッスン「星供養や星祭は500円で開運できる」

真言宗系のお寺や高尾山等では、星祭《ほしまつり》、星供養《ほしくよう》を行っている。1人500円～2000円＋送料で、冬至か節分に密教の悪い星を供養し、良い星になるよう祈祷してくれるのだ。

千葉の成田山でも、高尾山、浅草歓喜天や湯島歓喜天でも郵送で申し込める。真言宗系の寺院であれば１００％やっている。天台宗の寺院でも、やっているところもある。一度申し込むと翌年以降、申し込み書が送られてくる。神仏がいるかどうか、わからない。ディープな宗教行事は気が引けるという人も多いはずだ。**そこで、５００円～１０００円の星祭（星供養）だけ参加して、ご縁があるか、様子を見てみるのだ。**これが、現代風のライトな開運術である。

○開運レッスン「神社の人形《ひとがた》を書いて1年間のケガレをリセットする」

星祭、星供養と同じライトな現代風開運術が神社の人形《ひとがた》である。６月と12月の２回、神社で人形に名前と住所を書き、息を吹きかけ、神社でお炊き上げしてもらうことで、ケガレを祓ってもらう。**この人形によって、諏訪大社や大神神社《おおみわじんじゃ》、熊野本宮大社、宇佐八幡等の有名神社とご縁を結ばせていただくのである。**ベストは、参拝して書いてくることである。しかし、近所に強力な神社がない場合、返信用封筒に、切手を貼って、人形の郵送をお願いする手紙を書けば送ってくれる。料金はいくらからという決まりはない。１００円でもいい。ただし、1千円以上、奉納することで、手ぬぐいや茅の輪守りをくれる神社が多い。99％の神社は、100円、200円でも申し込める。人形のお祓いのお礼は、現金書留や振込用紙で神社に奉納するのである。開運するポイントは、**神社の建物をイメージし、行ったことがなければ、ネットで写真を探し、自分は神社の前にいる、ここは神社だと確信して、人形を書くことである。**

○開運レッスン「お守りでお手軽にできる開運法がある」

お守りは、郵送で送ってもらえる。例えば、**出雲大社の縁結び守りは出雲大社で5千円以上の縁結び祈祷を申し込むか、1千円＋送料（出雲大社のHPで確認のこと）で郵送していただける。**同じように、熊野本宮大社や多くの官幣大社でHPに郵送不可と書いていない限り、神社の善意で遠方で参拝困難な人に限り、お守りの郵送をしてくれる。

よくネットの非公式のパワースポット紹介で御守の郵送は不可の神社と書いてある神社をみかけるが、直接、問い合わせたら複数の神社が郵送で御守を送ってくれた（公式HPで郵送不可と書いてあるところは無理である）。**お守りの郵送が可能とHPで公表してい**

る有名神社をあげると、熊野本宮大社、箱根神社、出雲大社、三峯神社等である。祈祷料とお守りの代金は、多い分には神社への寄附行為なので神社も困らない。少ない分は困るが多い分には困らない。**１千円、２千円、感謝の気持ちを上乗せして奉納するのが、開運の秘訣である。**お守りは、**神社の建物をイメージし、熊野本宮大社のお守りなら、お守りを持つたびに、ここに熊野本宮大社がある**と確信する。**出雲のお守りも、目の前に巨大な注連縄《しめなわ》の出雲大社の社がある、神様と繋がっていると確信する。１２０％確信する。少しでも疑えば、お守りはただの紙切れになるのだ。**そして、郵送祈願や郵送で、お守りを送って貰った時の祈り方は、参拝できずにごめんなさいである。次に、縁結びをお願いしたいのですが、時間とお金を融通していただき、出雲大社に参拝させてくださいと祈る。願い事の第一を、神社に参拝して、お願いしたいにするのだ。努力させてくださいと同じである。そして、参拝できるように、努力する。そこで、参拝できれば、ものすごい奇跡的功徳を授かれるのである。**おススメのお守りは、熊野本宮大社の、勝守《かちまもり》である。出雲大社の縁結び守りも３、４個持ち歩くことをおススメする。三峯神社は、どのお守りもパワーが凄い。**

三峯神社には、白い氣のお守りがある。ものすごいパワーがあるとネットで評判だが、三峯神社で1万円の祈祷料で開運祈祷をした方が、どう考えても、開運すると私は考えている。もう1つ、究極のお守りを紹介する。**石川県の白山《しらやま》比咩《ひめ》神社《じんじゃ》の幸守りと結び守である。**白山比咩神社は、天照大御神の親神である伊耶那岐尊《いざなぎのみこと》、伊耶那美尊《いざなみのみこと》と、伊耶那岐尊、伊耶那美尊の夫婦喧嘩を仲裁したらしい謎の女神、菊理《くくり》媛尊《ひめのみこと》をお祀りしている。**白山比咩神社は、あらゆる縁結びの神である。熊野本宮大社でも無理な願い、特に結婚関係や運命改善は、最後の最後は、白山比咩神社で何度も参拝し、神頼みするしか方法がないのである。**

◯開運レッスン「出雲大社の縁結びのお守り、白山比咩神社の結び守、熊野本宮大社の勝守をセットで持つと良縁が引き寄せられてくる」

お守りは、複数を組み合わせて持つと効果がアップする。**縁結びは、出雲大社、白山比咩神社を縁結びのお守りと願望成就力をアップさせる熊野本宮大社のお守りを組み合わせて持つと良い。**願望成就力は、熊野本宮大社、箱根神社、諏訪大社、熱田神宮、宇佐八幡、香取神宮が得意である。

◯開運レッスン「出雲大社のえん結びの糸とえん結びのストラップで恋人を引き寄せる」

出雲大社では、えん結びの糸として、「赤と白」の絹糸を頒布《はんぷ》している。その糸をストラップにした御守もある。出雲大社に、頼めば郵送してくれる。**えん結びの糸を左手の親指以外の４本指に巻きつけ、腕に巻きつけて、自分の好きな人の写真や名前を書いた紙にテープで貼って引っ張り寄せるのだ。**それを1週間続ける。魔術に近い方法なので、1週間以上はやらない方がいい。**出雲の神様には、「良い縁なら結んでください。悪い縁なら、悪い縁とわかるようにして、別の良い縁を結んでください」とお願いするのだ。**

◯開運レッスン「崇敬会という神社の神のファン・クラブに入り、神と仲良くなること」

神社には、崇敬会《すうけいかい》がある。要するに、神のファン・クラブである。**年間３千円～５千円の会費で、毎月、祈祷してもらえる。**そして、神域に参拝させてもらえる。よく行く神社や、参拝が難しいが、縁を結びたい神社の会員になるとよい。ただし、途中退会する可能性があるなら、いきなり崇敬会に入らずに、人形や郵送の祈祷、参拝に行くことを繰り返し、本当に、崇敬する気になった時に入会すべきである。宇佐八幡は、１万円納めれば、崇敬会の会員に永久になれる。ただし、会費はないが、寄附のお願いは来る。そして、神に対する礼儀として、１千円でも、２千円でもあるならあるなりに、ないならないなりに寄附すべきである。それが、誠の神のファンというものである。**コスパよく開運、お徳に開運、お値打ちに開運という発想を、神はかなり嫌がるのだ。**それなら、１００円、２００円の人形からはじめればいいのだ。身の丈にあった神とのお付き合いをさせていただくべきである。

○開運レッスン「ガチの神頼みは土下座で祈ること」

祈祷を受けるときは、土下座すると良い。ただし、椅子席も増えたので、イメージとして、頭を地面にめり込ませる形で祈るのだ。**自宅で、神や守護霊に祈るときは、土下座して祈る。**これは、神頼みの基本中の基本である。**相手は、神や高級霊である。土下座で祈るのは、当然の礼儀である。**

○神頼みのマンネリ化を防ぐ秘訣

神社参拝も、10年、20年続けるとマンネリ化してくる。マンネリ化すると、どうしても、祈る真剣さが落ちるので、神様に願いが通じづらくなるのである。私もあるお寺で、毎月、厄祓いを定期的に受けていたことがある。そのときに、**マンネリ化してきたので、祈祷料を多めに払った。**そうすると、一気に邪気がはらわれ、全身がなんともいえない清涼感に包まれるのがわかった。マンネリ化してきたら、思い切って、祈祷料を多めに払うと良いと思う。

○開運レッスン「開運する御札の祀り方」

神社で頂いてきた御札は、中央に天照大御神、左右は、崇敬神社と産土神社の御札を御祀りする。正面に伊勢神宮（神宮大麻《じんぐうたいま》）、向かって右に産土神社、左に崇敬神社の御札をお祀りするのが作法である。重ねてお祀りする場合は、一番手前に伊勢神宮の御札をお祀りし、次に産土神社、参拝した神社の御札を重ねて御祀りするのが神社本庁が推奨するお祀り方法である。

神宮大麻《じんぐうたいま》というのは、伊勢神宮が全国の神社で頒布《はんぷ》している天照大御神の御札である。御札を祀る場合は、必ず、天照大御神の御札とセットで祀ることが重要である。神道では、天照大御神が最高責任者であるからだ。最高責任者である天照大御神と、崇敬神社の御札をセットで御祀りすることで、崇敬神社の御札のパワーも何倍にもなるのである。**お供えは、ベストは毎日、お洗米《せんまい》と塩、水をお供えする。ベターは1日、15日にお供えすることである。**私は神棚が数個、御札は数十枚以上あるので、神棚は毎日、お供えをしているが御札等は、お供えはしていない。できる範囲で真心こめて、御祀りさせていただければいいのである。

第5章

あなたの運命を変える蓄運法の大秘法初公開

○開運レッスン「運には波があることを知れば幸せになれる」

運には波がある。バイオリズムである。例えば、政治家でも、20代で地方議員に当選し、30代で国会議員になる人もいる。**人間は運の総量が決まっており、一見、幸運そうに見える人でも、若い頃に運を使い果たすと晩年、運がなくなり、惨めに過ごすことになる。若い頃から順風満帆《じゅんぷうまんぱん》の人生だった政治家というのは、運のピークが20代、30代にあることも多いのだ。**

運のピークは若年運の場合、10代後半から20代に人生のピークが来る。これは相当怖い。なぜなら、**大学入試や就職の時期と運の頂点が重なるからである。**運がいい人は、70％の受験勉強しかしなくても、たまたま、勉強したところが試験に出て、本来なら、１００％の努力をしなければ進学できない大学でも、奇跡的に進学できてしまう。

そして、運がきれかかる頃に、就職である。本来なら、偏差値55前後の大学に行くべき人が偏差値60以上の大学に入れる。そして、運のピークでなければ、就職ができなかったとしても、たまたまサークルの先輩がメガバンクや大手商社に就職し、人事に可愛がられていたせいで、引っ張りあげて貰い、上手く大企業に就職できてしまう。しかし、**もう残りの人生の運を使い切っているので、仕事は上手く行かない。人間関係も上手く行かない。**だんだん、職場にいづらくなり、やめてしまったりする。それでも、プライドだけは高い。**あなたの職場にも、学歴はそこそこありプライドだけは高いが、使えない人物がいないだろうか？**　理由は、簡単である。本来、入れないはずの実力以上の大学に行ってしまい、そこで運気を使い果たしたのである。また、こういうケースもある。**子役時代は活躍していたのに、成人してから人気がなくなり、芸能界から姿を消していった子役が大勢いる。**運のピークが、10代前半にあり、持って生まれた運を使い果たしたのである。

○開運レッスン「運勢方程式であなたの運を調べてみよう」

運とは、「運＝運の総量（前世の徳分《とくぶん》＝家の善徳《ぜんとく》）×運勢の波」で決まる。例えば、生まれてきたときに持っている、運の総量を１００としよう。運勢の波は、いわゆる、「幸運期」、「衰運期」、「天中殺《てんちゅうさつ》」等の類である。幸運期は１・５倍～２倍、衰運期は０・５倍、天中殺は０・１倍になったとする。幸運期は１００×２＝２００の幸運、衰運期は１

００×０・５＝50、天中殺は10分の１の10の運である。そして、運の総量は減っていく。

単純化すると、生まれたときに、１００の運の総量であれば、幼年運（10代前後）、若年運（20代前後）、壮年運（30代前後）、中年運（40代〜50代前後）、晩年運（60代前後）の５つで区切るとすると、幼年期に20％、若年期に20％、壮年期に20％、中年期に20％、晩年期に20％ずつ振り分けられている。しかし、通常は、この５つの区分のどこかに、運勢のピークが来るように**人生の設計図が作られている**。例えば、若年期にピークが来る場合、**幼年運20％、若年運40％、壮年運10％、中年運20％、晩年運10％のようになっていることが多い。**そして、運の総量は、使えば減る。１００あった運を、幼年期に、お受験で使ったとしよう、70％の努力で、名門小学校に合格したとする。１００の運が80、70に減る。そして、若年期に、70％の努力で附属や推薦等で早慶に入ったとしよう、さらに、大手商社や大手テレビ局に入社できたとしよう。あるいは、さほど苦労せず、政治家になったとしよう。**70の運が30くらいまで減る。一気に減る。**そうすると、壮年運は、30×１＝30の運勢である。仮に衰運期に当たれば、30×０・５＝15の運勢である。お受験の時の運勢は、１００×２＝２００であるから、ピークのときの運気の７分の１程度に運気が落ちているのだ。そして、**運の総量がゼロになると死ぬ。**「天網恢恢《てんもうかいかい》、疎《そ》にしてもらさず」と老子にある。実際には、**運命の設計図は、もっと細かく作られているが、大まかには理解できたと思う。**

若い頃は、あまり努力しなくても上手くいっていたのに、30代、40代になって、急に上手く行かなくなる人がいる。なぜか？　運の総量がなくなっているのだ。逆に、若い頃は苦労していたのに、30代、40代になってから世間の脚光《きゃっこう》を浴びる人もいる。これは、運のピークがどこにくるかと、運は減っていくという知識があれば、説明できることである。

受験の本やスキルアップの本を私がなぜ、20代の頃から熱心に書いてきたのか？　それは、この運のピーク、運の総量の知識があり、自分自身の運のコントロールも行ってきたので、読者に運の無駄遣いをさせないように、まともな努力をさせるために書いてきたのだ。

ある政治家が職を辞して別の公職に立候補しようとしていた時に相談を受けたので、**「あなたは、若いときからずっと政治家として順風満帆にきたけれど、そのせいで、運の総量が減っているように感じるので、一度、引退して、数年間、社会奉仕活動を真剣にやって、世のため、人のために生き、きちんと運を回復させてから、再度、政治家に挑戦した方が長い目で見ればプラスだと思う」**と伝えたのだが、聞き入れてもらえず、それ以降は、その政治家は政治の表舞台から消えてしまったのである。

○開運レッスン「運命は徳を積めば変えることができる」

運をコントロールするために、中国の老荘《ろうそう》思想、要するに仙人は、皇帝になったり、大臣になると、隠棲《いんせい》を奨める。**ピークになった運勢を使い切らないように、隠棲し、質素な生活を送ることで、運の総量が減ることを防ぎ、長生きしようとしてきたのだ。**この流れに対し、抱朴子《ほうぼくし》からはじまる、儒教と老荘思想、仏教をミックスした思想家は、勧善書《かんぜんしょ》を書いた。日本でも有名なものが、袁了凡《えんのりょうぼん》の著作である明の時代に書かれた『陰隲録《いんしつろく》』である。平たく説明すると、『陰隲録』は、**徳を積んで、世の中に貢献し、運勢は改善できるという著者の体験談である。**明の時代には、この手の勧善書が大量に書かれた。了凡も、50代ぐらいで死ぬ予定のところを、日々、点数化した社会貢献ポイントをためつづけ、貧しい人に食事をあげた10点。寺の修復費を出した１００点、賄賂を貰ったマイナス50点のように、**いいことはプラスに、悪いことはマイナスにして、毎日、点数表をつけ、プラスの得点がたまり続けるようにした。**このポイント表が、功過格《こうかかく》である。功はプラスの得点、過《か》はマイナスの行いの一覧表である。

了凡自身は、若い頃に高名な占い師の孔老人に弟子入りし、自分自身の一生の運勢を占ってもらっていた。当初の運勢予想では、試験順位や給料まで細々と占ってくれ、翌年、科挙《かきょ》を受けるとその通りの順位で科挙に合格し、給料も的中し、地方公務員になった。しかし、ある時、偶然に知り合った僧侶の雲谷禅師から「**運命は自分が作るものである。幸福は自分から求めるものである**」と儒教の経典に書いてあるではないか。仏教でも、「**功《こう》名《みょう》を求めれば功名を得られる。富貴《ふうき》を求めれば、富貴が得られる。寿命も延びる。善い行いをし、悪い行いを減らせば、運命そのものを変えることができる**」と諭《さと》されたのである。

そこで、日々、自分の行動をプラス、マイナスで点数化し、善い行いを続けたのである。その結果、**高級官僚試験には合格しないと占われていたが、高級官僚の登用試験に合格し、50代で死ぬと占われていたが、69歳で陰隲録を執筆し、70代まで生きた。**善行をポイント化して、ためる生活をはじめてから、運勢が変わりはじめ、出世したり、ありえない幸運が起こり始めたのだ。そこで、多くの人にこのやり方を公開し、善行を積ませた。誰々さんは、いつも行き倒れの人を助けていたので、息子さんが科挙に受かった。というように、当時、高級官僚登用試験の科挙合格というのが、中国人の出世の象徴だったので、善行を積んで、子供が科挙に受かったという体験談を出した。**これが、『陰隲録』の大まかな内容である。そして、こうした勧善書と呼ばれる本は、明の時代には、大量に書かれ、当たり前のように中国人に読まれていたのである。**

○症状が出ている悪因縁は解決できる

悪因縁は、症状が出ているものは改善できるのである。1番怖いのは、順風満帆な人生を歩み、いきなり死ぬことである。運の波も、50代ぐらいまで順調に成功し、大企業の役員になったところで事故死し、配偶者もいきなり病気で寝たきりになる、こういう家もある。**いきなり死ぬ人が出てくるというのが、家運《かうん》が衰えてきた兆候《ちょうこう》といえる。**

個人の運の他に、家の運というものがある。これが家運である。

○開運レッスン「寿命も延ばすことができる」

改善するのが不可能なものは、いきなり事故で死ぬとか、寿命だけである。**しかし、善**

行によって、こうした運命を回避することは可能である。寿命も延ばせるのだ。寿命を延ばすのは、困難ではあるが不可能ではない（限度はある）。豊臣秀吉の母親が老いて、病気になり死にかかったときに、**滋賀県の多賀大社《たがたいしゃ》に「できれば3年。無理なら半年、それも無理なら3ヶ月、それも無理なら1ヶ月、それも無理なら1週間、それも無理なら1日でもいいから寿命を延ばして欲しい。母の寿命を延ばしてくれたら、お礼に1万石寄進する」と依頼した。**秀吉の母親の病気が改善したので、多賀大社に1万石寄進した。1万石の現金換算は、難しいが、年間億単位の収入がある領地の寄附と考えていい。死なないという選択肢だけはない。絶対にない。**しかし、寿命は限度はあるが、ある程度は延ばすことは不可能ではないのだ。**

○悪因縁はお金で移動するのであくどい金儲けをしないこと

金のペーパー商法で、お年寄りから数千億円をまきあげたT商事の社長は、30代で全身をめった刺しにされ、失血死した。被害者の方の悪因縁を引き受け、身代わりに30代で惨殺されることで、被害者の方の寿命が1、2年延びている筈《はず》である。金銭による寿命延ばしは、全財産をはたいて、1～2年しか延びないことが多いので、コスパは悪い。**善行を数十年、袁了凡のように積み続ければ、数十年、寿命が延びるのだ。**

○開運レッスン「家系図を作ることで因縁の傾向診断ができる」

家系図を作る。**この家系図で、家の因縁、家運の傾向がわかるのだ。運勢の波は個人の傾向である。家系図は、家の傾向である。運勢は、この2つから判断するのだ。**まず、50センチ×50センチ、1メートル×1メートルくらいの大きな模造紙を買う。数百円で買える。自分の名前を一番下に書く。子供がいる場合は、子供のスペースを残す。自分の上に、両親の名前を書き、線で結ぶ。一般的な家系図と同じ書き方である。次に、父方、母方の祖父母を書く。その親を書く。両親の兄弟を書く。わかる範囲まで書いていく。自分の戸籍を役所でとり、先祖をたどっていく。戸籍は、家系図を作るためという理由では、両親や祖父母のものでもとれないことがある。先祖の戸籍の取得は難しく、**相続関係の確定のためという目的で申請すれば、取得できるが、役所に嘘は絶対についてはならない。**なので、相続の確定を理由に先祖の戸籍を取得する場合、相続関係の確定作業を家系図を作ることで行うのだ。というより、相続関係の確定作業は、本当に家系図を作らないとわからない。親戚関係や先祖を図表化し、民法の相続に当てはめ、一親等等の相続関係を調べるからである。ただ、普通は、両親、祖父母から聞いた方が早い。ところが、親戚関係を家族に聞いても、わからないことがある。**それは、親戚関係が悪いという因縁か、ずぼらという因縁があるからである。**

家系図は、曾おじいさん、曾おばあさんの代まで遡《さかのぼ》ればいい。可能なら、明治時代に戸籍ができた時代まで遡り、また、菩提寺で過去帳を見れば、江戸時代の先祖まで遡る事は可能である。ただ、菩提寺は、空襲で焼かれていることも多い。我が家の菩提寺も空襲で焼かれ、過去帳はない。実家があるA藩は、城下町の住所で、武士なのか、中間なのか、上級武士なのか、下級武士なのか、町人や商人なのか、大まかにわかるような区分で住所地を割り振っているので、調べようと思えば、明治時代の戸籍の先祖の住所地で大まかな身分はわかる。**先祖の身分が低いのは、あまり問題がない。問題になるのは、金持ちや上級武士で、時代劇に出てくるようなあくどいことをやった先祖がいないかだけである。**

○開運レッスン「悪因縁の元凶になる先祖を調べ家系図に書く」

水戸黄門や暴れん坊将軍で、成敗されるような先祖は悪因縁の元凶《げんきょう》になる。必ずなる。もちろん、時代劇なので史実とは違う。代官の横領は死刑である。公金横領は、幕府や藩に対する反乱行為なので、切腹である。年貢が減ったり、農民に反乱を起こされると、代官は処罰され、またそれほど給料も高くない。そして、目付《めつけ》等の監察が厳しく入る。そのため、代官はブラックな職種の1つなので、人気はなかった。**というように、史実と時代劇は異なるので、先祖が代官だからといって、悪因縁があるわけではない。**そもそも、年貢率を決めるのは、藩主や家老。天領は幕府の仕事なので、**現場の責任者である代官より、あくどい年貢率を決めた上位の人間の方の悪因縁になるのだ。**

○開運レッスン「先祖の死因と何歳で死んだかを調べ家系図に書く」

それはさておき、家族、兄弟、親戚を家系図に書いたら、今度は、何歳でどういう理由で死んだか（死因）、職業は何かを書いていく。離婚の有無も可能なら書いていく。学歴等もわかる範囲で書いていく。このとき、**注意すべき点は、常識判断することと時代背景を理解することである。**戦前は、30代で肺結核で死んだ人も多い。人生50年の壁を日本が突破したのは、戦後のことである。乳幼児死亡率も高い。戦死者がいるのも一般的である。**当時の平均寿命と比べて、短命かどうかを判断する必要があるのだ。**次に、家系図に職業を書いていく。転職が異様に多い人もいる。いい意味での転職ならいい。同じ仕事が続かず、職を転々としているような人が親戚や家族にいる人もいるだろう。あるいは、親戚の8割ぐらいが離婚している一族もある。**ある特定の親戚の一族は、長男だけが、40代、50代で、2代、3代続けて死んでいることもある。**

○開運レッスン「家系図には一族の運勢が反映されている」

今までの作業で、学歴、結婚、仕事、人間関係、健康、金運、大まかな傾向が、家系図に出てくる。癌や生活習慣病は遺伝することもある。そのため、家系図で、似たような癌に一族がかかっていることもわかる。あるいは、結石や糖尿病等の傾向も出てくるはずである。私の祖父も父も結石で、救急搬送されている。そこで、私も背中の痛み等の結石と思われる症状が出た時に、病院に行くと、やはり結石ができていた。

読者から長年、相談を受けていて、気付いた一つのパターンは、**相談者の祖父母の代に、町村長等の地方の名士をやり、愛人がいたり、地主で家をたくさん持っていたり、事業をやっていて、羽振りがいい人が多いのだ。今、不幸な人は、親ではなく、「祖父母の4人か、曾おじいさん、曾おばあさんの8人」この12人に元凶がいないか？　先祖の素行《そこう》調査をすべきである。**もし、曾おじいさんが、飲む、打つ、買うで先祖代々の財産を潰している場合、**その3代から4代前に、問題のある財産の作り方をした先祖が必ずいる。**

○開運レッスン「運は子孫と来世に持越しが可能である」

極道の先祖より、成功している先祖の方が怖い。子孫の目から、客観的に先祖を見ることは難しいので、家系図に出てきた親戚縁者の症状から判断するのだ。配偶者がいる場合は、配偶者の家系図も作る。子供がいない場合は問題ないが、子供や孫の代に、善い事も悪いことも、症状が出てくるからである。**社会的に成功している先祖より、仕事を真面目**

に頑張って、誠心誠意生き、勲章を貰わずに死んでいった先祖の方が運の無駄遣いをしていない分、子孫に運を残していることが多いのだ。社会的に評価されると、運が減る。激減する。ゆえに、震災への寄附なども隠して行った方がいい。社会が評価しなかった分が、運になるのだ。

逆に、作家でも、政治家でも、芸能人でも、表に出る仕事は、すぐに運がなくなる。著名人の前世は、「死ぬまで頑張ったけれど、評価されなかった人」か、「大量に人助けをした人」が多いように感じる。前世、今世、来世の三世が著名人というのは、ほとんど見たことがない。また、**運は子孫と来世に持越しが可能である。**なので、運を使い切らない方がいい。

私は、20代の時に、ある大政党の衆議院候補に選ばれたが辞退している。理由は、社会経験がなかったからである。官僚がいきなり国会議員になれば、世間知らずの政治家になる。それで、世の中の役に立つとは思えなかったのだ。もう1つの理由は、**20代で、官僚から政治家に転身すると運を使い切る恐れがあったのである。そこで、TVの出演依頼も全て断り続け、地味に本を書いてきたのだ。収入も政治家やマスコミの仕事は無料でやっているので、本来、貰うべき報酬の10分の1も貰っていない。これも、一つの蓄運法であ**

る。

○開運レッスン「相続でもめる財産は貰わない方がいいものもある」

こういう話をよく聞く。**相続で親戚がごねるのだ。**おじいさんか曾おじいさんが事業をはじめ、その会社の財産の相続をめぐって、親族がもめることがよくある。ある友人の親戚は、性格がきつく、相続でもめたので、その友人の親は相続放棄をして、その親戚だけがそれほど多い金額ではないのだが、遺産を持っていった。そのあと、遺産を独り占めした親戚の子供がおかしくなったり、親戚本人が病気になったり、不幸になっているのだ。

こういうケースは多いのである。なぜなら、**相続でもめる財産は、悪因縁の原因になっている財産のことが多いのだ。**相続は法律問題なので、弁護士とよく相談して欲しいが、大幅に譲歩して、悪因縁を財産が欲しいとごねている人に渡すという方法もある。**問題のある財産は、問題のある人が相続するようになっているのだ。**

遺産を貰って、幸せになればそれは世のために尽くして、蓄えた財産である。遺産を貰ってから、一気に不幸になったのであれば、それは世の人を不幸にして蓄えた財産なのだ。

相続後にいきなり、不幸になったのであれば、相続した財産を手放すことを真剣に考えた方がいいのである。まだ、金銭なら良いのだが、相続した共同名義の不動産や賃貸マンションが、悪因縁の元凶になっているケースも多いのである。

○開運レッスン「転職しても人間関係は改善されない」

こういう相談がよくある。職場の人間関係で悩み、転職したいがどうしたらいいか？という相談である。ケース・バイ・ケースなのだが、**悪因縁で人間関係が悪い場合は、転職しても、また人間関係が悪い職場に行くことが多い。**そこで、家系図で人間関係が良い家なのか悪い家なのかを判断する必要があるのだ。最近、相談をされた方には、「今の職場で、人間関係が良くなるように、コミュニケーション術を勉強したり、守護霊に祈り、まず、1年頑張って、それから様子をみるように」と回答した。話を聞いてみると、何回か転職しており、転職しても何回も似たような職場の人間関係で苦しんでいるので、転職しても人間関係が改善されず、同じように人間関係で苦しむように感じたからである。**悪因縁は、改善の現実的努力をして、苦しめば減っていくので、人間関係も改善されていく**

のだ。そして、徳積みをし、守護霊に人間関係改善を祈れば、10年苦しむ悪因縁が5年に短縮されることも多いのである。

○悪因縁は性格や好みに出てくる

離婚する人が多いとか、親戚一同みな貧乏とか、傾向が出ている悪因縁は解決できる。必ず解決する対処法がある。一番、厄介な悪因縁は、性格や性質、異性の好み等に出てくるのだ。

繰り返し書いている「努力できない性格、性質」の人がいる。この性質、性格、好みの改善が一番、難しいのだ。離婚する親戚が多いといっても、相手を選べばいいのだが、結婚運が悪い人は、結婚したら、必ず不幸になるような人を好きになったり、不倫しまくるのだ。異性の好みに、男女とも問題があるのだ。

○開運レッスン「いい縁と悪い縁はセットで来る」

いい縁と悪い縁は、セットで来ることが多い。**いいことと悪いことはセットでくる。ゆえに、大変なことを楽しむのだ。**

○開運レッスン「不老不死《ふろうふし》の法」

蓄運法《ちくうんほう》のついでに、仙人と不老不死について説明する。実は、中国の仙人は、不老不死を求めていないのである。仙人は、水銀を飲んだら、死ぬことに気がついたのだ。というより、2説ある。1つは、水銀等の語句は暗号であるという説である。もう1つは、肉体を持ったまま不老不死になることは困難であると気付いたという説である。実際に、中国の道教では不老不死は目指さない。目指さないというより、人は死ぬのだ。**釈迦ですら死んでいる。道教の神である老子ですら死んでいる。死なないという選択肢はないのだ。ではどうするか？**

途中で、**道教の仙術《せんじゅつ》も死後の世界の改善を目指すようになる。つまり、肉体は死ぬから、霊界でいい生活をしようと考え出したのである。**中国では、仏教と道教が互いに影響を与え合っている。ゆえに、仏教的発想に道教がなったとしてもおかしくはない。そこで、仙人は、肉体を捨て、肉体のない世界でも不老不死であることを目指す。**言葉を変えているだけで、仏教で極楽浄土に行きたいというのと同じことである。**仙人には、天仙、地仙、人仙のランクがあるが、詳細は省く。

○開運レッスン「房中術《ぼうちゅうじゅつ》のやり方」

仙人の話をしたので、房中術《ぼうちゅうじゅつ》について説明する。房中術は女性と交わること、すなわちＳＥＸするときに射精しないことで若々しくいられる修行をするのだが、邪法である。邪法というより、正しいやり方は秘伝だったので、伝わらなかったのであろう。仙人はＳＥＸをしない。**仙人も僧侶もＳＥＸは禁止されている。にもかかわらず、密教の理趣経《りしゅきょう》や道教の房中術では、ＳＥＸを奨める。射精しなければいいのか？**　そういうことではないのだ。僧侶は、ＳＥＸしてはいけない。私は長年、僧侶がＳＥＸしなければ、「人類は根絶やしになる。仏教は、人類を根絶やしにしたいのか？」とこれをずっと疑問に感じてきた。違うのだ。今のインドでも若干、その風習があるが、バラモン教、釈迦の時代のインドの土着宗教は、バラモン教である。バラモン教は、家庭を持ち、子供を作り、そろそろ死期を悟ったら、出家して、終活《しゅうかつ》をする。仏教もバラモン教の影響を受け、というより、釈迦自身も「子供がいない男性は出家できない」ため、子供を作ってから、修行生活に入っている。日本で、藤原道長が糖尿病の末期に、政界から引退し、法成寺《ほうじょうじ》を作って出家して終活したように、インドの本来の出家とは、家庭を持ち、晩年、終活として出家していたのだ。**子供もいて、終活なのでＳＥＸはせず、禁欲して修行するのだ。**

房中術は、「女性を喜ばせれば、女性のエネルギーを分けてもらえる」ということである。これが、秘伝である。つまり、**女性を喜ばせるためにＳＥＸしていたのが、女性のエネルギーを貰うためにＳＥＸするに本末転倒しただけなのである。**実際に、**人は喜べば、プラスのエネルギーを相手に出す。ゆえに、多くの人に好かれ、多くの人を喜ばしている人は、常に幸運である。**人を喜ばすのが、下手な人たちが多かったので、ＳＥＸするだけの房中術になったのだ。そして、この房中術のせいで、道教系カルトは教祖や教団幹部のＳＥＸスキャンダルが多いのである。房中術の解釈も常識で考えれば、ＳＥＸして開運するわけがない。社会常識がないのである。**ＳＥＸをする房中術を取り入れている宗教や霊能者は、１００％、邪霊に憑依《ひょうい》されている。**

○開運レッスン「どうすればタイミングよく生きることができるのか？」

運の悪い人は、タイミングが悪い。運のいい人はタイミングがいい。対人関係でも、ちょうど相手が不機嫌なときに、不機嫌になるようなことをわざわざ言う人がいる。社会経験不足ということもあるが、タイミング、間が悪すぎるのだ。私の過去の著作では、人間観察をよくするようにと書いてきた。しかし、本当は「タイミングがいい人は運がよく、タイミングが悪い人は運が悪いだけなのである。」では、どうすれば、運が悪い人がタイミングよく生きることができるのか？**「神に祈るのだ。守護霊に、タイミングよく生きさせてください」と毎朝、毎晩祈るのだ。そうすれば、改善されるのである。**

○開運レッスン「言魂《ことたま》が神を呼ぶ」

言葉遣いは重要である。**日本は、言魂の国である。**魂には数魂《かずたま》、音魂《おとたま》、文字魂《もじたま》、言魂《ことたま》、いくつもの魂がある。言魂とは、音魂と文字魂があわさり、声に出して言う言葉である。

文字で書いた言葉も、文字魂ともいえるし、言魂ともいえる。しかし、**本当の言魂は、祈りがあって、言魂になるのだ。**ありがとうという言葉も、嫌々言えば言魂にはならない。感謝の気持ちがあって、はじめて言魂になるのである。さらに、感謝の祈りを乗せて、話せば、神宿る言魂になる。**祝詞《のりと》を唱えても、祈りがなければ、ただの音である。祈りをこめてはじめて、神に届く言魂となるのである。**

○開運レッスン「『古事記』には神々の働きが隠されている」

神道の神は、日本人の大先祖であるから、天照大御神が、庶民の願いを聞いてくださる。仁徳天皇《にんとくてんのう》は、高台から農家の竈《かまど》の煙が上がっていないのをみて、税金を免除し、自分は粗末な生活をした。民と共に歩んできたのが天皇である。**その先祖が天照大御神であるから、渡来人《とらいじん》も含め、日本に住む人々を守護してくださるのだ。**しかし、相手は神なのだ。

『古事記』に天の岩戸《いわと》隠れの話がある。日蝕《にっしょく》の話ではない。天照大御神がいなくなれば、邪霊が蔓延《はびこ》る世となるのだ。古事記には、神々のお働きが隠されている。**岩戸隠れで、邪霊が蔓延ったということは、天照大御神には世の邪霊、マイナスのものを抑える働きがあ**

るということである。須佐之男命《すさのおのみこと》は、大海原《おおうなばら》を統治する。逆に言えば、地上世界を統治する働きがあるということである。多賀大社の伊耶那岐大神《いざなぎのおおかみ》に頼むと、なぜ、延命長寿できるのか？　人間を作った神が伊耶那岐大神だからである。

○開運レッスン「神頼みしても神仏が動かないのはあなたの礼儀が悪いからである」

なぜ、神頼みしても、神や守護霊が動いてくれないのか？　それは、あなたの態度が悪いからである。礼儀がなっていないからである。ＳＮＳ時代の現代人が、死んで、何百年後かに守護霊になれば、タメ口の人間のことも、あまり気にしなくなるであろう。しかし、守護霊は、江戸時代前後の人間である。戦前の人間である。**戦後生まれの守護霊は、絶対に存在しない。守護霊は、「相当、気難しく、礼儀にうるさい」。会社で、一番厳しい上司を１００倍以上厳しくしたのが明治時代や江戸時代の人々である。**偉人に対する知識がないのだ。マザー・テレサやガンジー、ナイチンゲールの伝記を良く調べて欲しい。漫画や子供向きのものではダメである。かなり、きつい性格、峻烈《しゅんれつ》な性格をしている。織田信長も、ドラマや漫画で、現代人がタイムスリップして会いに行くので、「気さくな人」と誤解されているが、恐怖政治を行った人物である。言葉遣いを間違えれば、簡単に処刑するであろう。高僧も、信者には優しい。信者には優しいが、弟子には厳しい。平気で殴る。禅語録を読めばわかるが、悟らせるために、師匠が、弟子の指を切り落としたり、弟子を袋叩きにしているのである。

そういう人が、守護霊になっているのだ。ゆえに礼儀や礼節にはかなりうるさいのである。

生きていた時代の価値観を持っているのが霊である。死んでも、性格は変わらない。礼節と礼儀が大切である。守護霊の目から見て、礼儀と礼節がある人間は、現代人の目上からみれば、非常にしっかりした人間にみえるのだ。

○開運レッスン「目上から可愛がられている人は守護霊にも可愛がられている」

守護霊に可愛がられているかどうか、簡単にわかる方法がある。**目上から可愛がられている人は、守護霊に可愛がられている。**社会運の問題があるので、会社で嫌な上司の下につくこともある。そういう場合、学校の先生、祖父母、親戚のうるさい年寄りに可愛がられていたかどうかで見るのだ。先祖霊の供養が、できているかも同じ方法でわかる。**先祖霊が満足し、子孫に感謝している場合、親戚関係、家族関係、嫁姑関係、親子、夫婦関係が良好なのだ。**

○開運レッスン「人は必要なものほど否定する傾向があることを知ること」

人間は、自分が必要とすべきものを否定する。私が25歳のときに『この通りにすれば受験にうかる』を出版した。ほとんどの読者は、東大、一橋、早慶、旧帝大に行った。**人は、自分の価値観にあったもの選ぶ。**私の受験の本が優れていたのではない。読者の価値観と、私の本が合致《がっち》しただけである。当時、おちこぼれのために受験の本を書いたつもりだったが、落ちこぼれは受験の本は読まない。読むとしたら、ビリギャルの類である。正攻法の受験の本は読まない。**もし、あなたがこの本に感銘《かんめい》してくれたとするならば、最初から本に書いてある内容を理解していただけである。**全く新しい価値観を、人は受け入れることはできないのだ。

○開運レッスン「本当に運が悪い人はこの本を読まない」

本当に、運が悪い人は、この本を読まない。あなたが感銘してくれて、他人に奨めても読まない。それは開運が、まだ、天から許されていないからである。**あなたは、必ず開運する。今、どんなに不幸であったとしても、必ず運は開ける。本当に、運が悪い人は、この本を読むことすらできないからだ。悪因縁や病気があっても、いつか改善可能なのである。**

○運が悪い人は日本に生まれて来られない

本当に、運が悪い人は、日本に生まれてこない。世界の飢餓人口は数千万人である。本当に、運が悪ければ、開発途上国に生まれ、飢え死にするか、内戦国で少年兵をやらされている。**文字も読めない。どん底といっても、文字が読め、本の内容が理解できるということは、相当、恵まれた環境にいるのである。**

○生霊《いきりょう》があなたを不幸にする

ところで、マイナスの存在として、**生霊《いきりょう》というものが存在する。人間関係のトラブルの原因は、生霊の可能性が高い。**『源氏物語』で、光源氏が10股ぐらいかけたので、源氏の恋人である六条の御息所《みやすどころ》の魂が実体化し、源氏の恋人の夕顔《ゆうがお》を殺してしまったのである。

生霊は、些細なことで出るのだ。**上には上がいて、下には下がいる。**そのため、結婚していない人は、結婚している人を羨ましく思う。結婚している人は、独身の人は自由で羨ましいと思う。子供がいない人は、子供がいる人を羨ましいと思う。家があって羨ましいと思う。いい大学を出ていて羨ましいと思う。偏差値が低い大学であっても、高卒の人は大卒は羨ましいと思う。**ものすごく差があれば、生霊は出ない。無理だと思うからだ。**観察していて、生霊を出してくるパターンは2つある。**パターン1、少しの差。**収入や家庭環境が近い場合、ジェラシーを擁《いだ》かれやすい。**パターン2、身近にいる人。**正社員を非正規雇用の人が羨《ねた》む。会社の社長を従業員が羨む。経営者の顔が見える企業であれば、99%、従業員は生霊を出してくる。

こういうケースがあった。ある政治家から選挙の事を頼まれたのだが、その政治家のことを考えると腹が立って仕方がないので、その政治家に憑いていた生霊を祓った。そうすると、相談を受けていたトラブルは、スムーズに解決したのだが、また別の問題が出てきたと相談があった。ちょうどそのとき、その政治家の秘書から、メールが来たのだが、非常に不愉快な気分になったので、**その政治家とすべての秘書と複数ある事務所の生霊や邪霊をすべて祓った。**すると、別の問題もすぐに解決したのである。

秘書は、政治家の身近にいるので、自分も政治家になれるのではないか？　と考えだすのであろう。**最初に、些細なことで、小さな生霊をつけられる。そうすると、その小さな生霊のせいで、人間関係がギクシャクしだし、新しい生霊が増えていくのだ。そして、生霊がたまっていき、人生が狂いだすのである。**生霊は呪いではない。無自覚に出るマイナスのエネルギーが意志を持って、相手に憑依《ひょうい》するのである。

○開運レッスン「生霊祓いのやり方」

セルフ除霊《じょれい》のようなやり方である。神仏を呼んでやる方法ではない。神仏を呼ぶ方法は、神仏を呼べなかったら、マイナスの霊に返り討ちにあうので非常に危険である。ゆえに、教えることはできない。

1、天津《あまつ》祝詞《のりと》を2~3回あげる。

2、大祓詞《おおはらひのことば》を、1~2回あげる。

3、光明真言《こうみょうしんごん》を100回以上あげる。

4、生霊を出していそうな人を、イメージして、真剣に幸せになるように祈る。黒色のぼやっとしたマイナスのエネルギーが浮かんでいるイメージを浮かべ、それが消えたと思えるまでやるといい。

生霊はマイナスのエネルギーである。呪いもマイナスのエネルギーである。なので、こちらはプラスのエネルギーを出して、マイナスのエネルギーを中和《ちゅうわ》させるのである。注意点は、**霊を祓うのではなく、相手の幸せを祈ることである。祓うという気持ちでやると、生霊等を逆上《ぎゃくじょう》させることがあるので、幸せになるように祈るのである。相手が悪くてもだ。第1章で、嫌いな人の幸せの祈り方を説明したのも、このためである。他人に来ている邪霊を祓うのは非常に危険なので、絶対に試さないこと。**

○開運レッスン「マイナスの霊の祓い方」

霊は、波長が同調しなければ、憑依できない。すべてのマイナス思考は、マイナスの霊から来るものなので、全否定する。全否定して、プラスのことしか考えない。さらに、**霊は、憑依した人間の苦しみも経験するので、法律や経済学、英語の文法のめちゃくちゃ難しい本を読むと、普通の霊は耐えられなくなるので、逃げていく。**守護霊は、守護する人間より必ずランクが上の霊が守護する。そうしなければ、守護できないからである。**マイナスの霊の存在を全否定し、法律、経済、数学、医学、とにかく、難しい専門書を勉強するのだ。**普通の浮遊霊《ふゆうれい》や地縛霊《じばくれい》の類なら、苦しいので、逃げていくのである。自分が、頭が痛くなるような難しい本を大量に勉強するのだ。もしも、学者や官僚等の霊が憑依した場合（たまに賢い霊がいる）、**そこまで賢いなら、あの世にいって、修行して、生まれ変わった方が楽になると**教えてあげればよい。**普通の霊は、自分であの世にいけないので、浮遊しているのだ。**しかし、難しいことも理解できない。

難しいことが理解できる霊であれば、成仏した方がいいのだ。成仏したければ、**「あの**

世に行くことを自覚し、守護霊や守護神、神社の神様、観音様、お地蔵様、とにかく自分を成仏させ、あの世に連れて行ける神様、仏様、あの世に連れて行ってください」と強く祈るのだ。

そうすれば、成仏できる。真剣に祈れば、成仏できる。真剣に、死んでから祈れば、誰か成仏させることができる神仏が来てくださる。必ず誰かは来る。疑うから、神仏や守護霊がきても見えないのだ。通常は、人が死ねば、守護霊や神社の神様、信仰していた神仏が、あの世に連れて行くために迎えに来てくれる。信じていないから、見えないのだ。死んでから、意識があるということは、死後の世界はあるということである。死後の世界があるなら、神仏や守護霊もいるのだ。これを、先祖霊でも霊でも丁寧に説明すれば、理解したら自分で成仏できるのである。

○開運レッスン「強力な助っ人の毘沙門天と不動明王に守護してもらう方法」

この2仏に祈れば、ほとんどのマイナスの霊は怖いので近寄ってこなくなる。毘沙門天《びしゃもんてん》の真言は、「おん・べいしらまんだや・そわか」である。不動明王《ふどうみょうおう》の真言は、「のうま

く・さまんだばざらだん・かん」である。**光明真言を数十回あげてから、真言を数十回唱えると守ってくださる。**

聖不動明王経によれば、不動明王は、青黒いと書いてあるが、実際に青黒いお姿をしている。青黒いお姿で、後ろに炎が燃え上がっている姿をイメージする。10メートル前後の大きさを思い浮かべればいい。仏は、朝晩、毎日、呼ばないと守護してくれないのである。祈っていない日は守護してくれないのだ。忙しくて、祈れないという人がいるが、**「そういう時は、天津祝詞を1回唱え、毘沙門天さん、不動明王さん、今日も、強力に邪気、邪霊からお護り下さい。家族や職場の人も全員、護ってあげてください」と頼み、真言を10回ずつあげればいいのだ。**1分もかからない。日本は神仏習合《しんぶつしゅうごう》しているので、このやり方で守護してくれるのだ。**いじめやパワハラ、組織のトラブルは相手に憑依している生霊や動物霊等が原因のことが多い。そこで、不動明王や毘沙門天に守ってもらうのである。祈るノウハウを人に教えると、二度と使えなくなるので気をつけて欲しい。**

○開運レッスン「女性にとって誕生日、クリスマス、結婚記念日は死ぬまで特別な日である」

男性は、自分の誕生日を忘れることが多い。しかし、女性にとって誕生日は特別な日である。**年齢の話題はタブーだが、必ず誕生日は覚えている。**安いなら安いなりに、高いなら高いなりにお祝いができる。最悪、ケーキと花束があればお祝いできる。付き合ってから、結婚してから、誕生日、クリスマス、結婚記念日をお祝いしなくなるのだ。出張や仕事と被る場合は、事前にプレゼントを渡し、必ずメールやLINEで当日、お祝いのメッセージを送るのだ。女性の「**お祝いしなくていい**」を信じてはいけない。女性の「お祝いしなくていい」は、「**わざわざ高級レストランを予約しなくていい**」という意味である。

もし、自分がインフルエンザで倒れていたらどうすべきか？　**前日なら、楽天の「あす楽」やYAHOOの「あすつく」で花束を買え。**もし、男性読者で夫婦仲が悪い人がいるのなら、邪霊や生霊、家の悪因縁を疑う前に、プレゼントを完璧に贈っているか？　インフルエンザで倒れていても、花束を用意できたか？　をチェックすべきである。女性読者は、男性に「期待してはいけない。期待するから、喧嘩になるのだ」。**読者から、夫婦仲**

について霊的なアドバイスを求められることがあるが、霊や因縁以前に、現実的な努力が足らないことが多いのだ。霊は、現実的な努力をしていても、人間関係が悪化していく場合のみ、原因を調べるべきことである。

○開運レッスン「蓄運法《ちくうんほう》とある政治家の物語」

冒頭に書いた話だが、とんとん拍子に若くして政治家になっても、それで運を使い果たしている人もいる。本章の蓄運法《ちくうんほう》の概略を説明したのだが、若い時にあまり苦労していないので理解してもらえなかったのである。**ポジティブに生きれば運は開けると本人は言っているが、もう運の総量がほとんど残っていないように感じるのだ。**何年か政界から離れて、社会福祉や慈善活動を真剣にやって、運を蓄えてから政治活動をするように助言したのだが聞いてくれないのである。**政治家や経営者に一番大切な資質は、運である。**頭は良い方がいいが、部下がやればいいのだ。そのために官僚がいる。**運が悪い首相がトップになると、国運が傾くのだ。**政策が正しくても、景気も悪くなるのだ。経営もほとんどが経営者の運に左右される。運とは総量が決まっているが、善行によって増やすことができる。

しかし、善行がたまる前に、会社が潰れたら大変なことになる。だから経営者はこう祈るのだ。「善行を積ませてください。運を良くして、従業員を守ってください」と。

○開運レッスン「神道をベースにすれば誰でも大開運できる」

神道は、明るい。天照大御神は、日の神。太陽神である。神道をベースに、明るく努力していけば、必ず開運し、あなたも幸せになれる。天照大御神は、悪因縁をおさえる働きもある。悪因縁があっても、伊勢神宮の内宮に参拝すれば、悪因縁が出てこないように、守護してくださるのだ。人間は、悲しいかな、小さな視点でしか物事を判断できない。火事を消せば、表彰される。しかし、道端《みちばた》に落ちている、火のついたタバコを消しても、表彰されない。

悪因縁をおさえるというのは、火事になる前に、タバコの火を消す働きである。そのため、人は感謝しない。本当に、強力に守護されていれば、平穏無事《へいおんぶじ》なのだ。いいことが起こる事が幸運だと思っている人がいる。違うのだ。道端のタバコの火を消してくれるのが幸運なのだ。不幸が起こらないように、あるいは、10の不幸が起こるところを、6か7ま

で減らしてくださるのが、神や守護霊の未来予知に基づく幸運なのだ。宝くじを的中させたり、恋人を見つけたり、そうした俗物的なことは、邪霊に頼めば、すぐに叶えてくれる。あとで必ず不幸にはなるが……。太陽の恵みのように、大きなレベルで守護しているのが神である。「その働きに感謝しなさいよ」というのが、『古事記』の天の岩戸隠れに秘められたメッセージなのである。

○開運レッスン「最強呪・大祓詞《おおはらひのことば》」

最強の祓いは、大祓詞《おおはらいのことば》を使う。真心こめて、2、3回、唱えるといい。**毎晩、唱えれば、自分で禊祓《みそぎはら》いをすることができる。**大祓は、言魂、音魂の秘儀を使って書かれた呪文である。省略すると霊力が落ちるのだ。**大祓もいろいろな古神道系のものもあり、正直、好きなものを使えばいいと思う。**中臣の大祓と延喜式の大祓と混合して使われているものの三系統があり、内務省が制定した大正3年版の国定大祓も存在する。どれが、正しいのか？　という話になるともめるので、趣味の問題であろう。**好きなものを使えばよいと思う。効果はほとんど変わらない。**

高天原《たかあまはら》に神留《かむづまり》坐《ま》す　皇親神漏岐《すめむつかむろぎ》神漏美命《かむろみのみこと》以《もち》て　八百萬《やほよろづ》神等《かみたち》を神集《かむつど》へに集《つど》へ賜《たま》ひ　神議《かむはか》
りに議《はか》り賜《たま》ひて　我皇御孫命《あがすめみまのみこと》は　豊葦原水穂国《とよあしはらのみずほのくに》を　安国《やすくに》と平《たひら》けく知食《しろしめ》せと事依《ことよ》さし奉《まつ》り
き　如此《かく》依奉《よさしまつ》りし国中《くぬち》に　荒振神等《あらぶるかみたち》をば　神問《かむと》はしに問《と》はし賜《たま》ひ　神掃《かむはら》ひに掃《はら》ひ賜《たま》ひて
語《こと》問《と》ひし磐根《いはね》木根《きね》立草《たちくさ》の垣葉《かきは》をも語止《ことや》めて　天之磐座《あめのいはくら》放《はな》ち　天之八重雲《あめのやへぐも》を伊頭《いづ》の千別《ちわき》に千《ち》
別《わ》きて　天降《あまくだ》し依奉《よさしまつ》りき　如此《かく》依奉《よさしまつ》りし四方《よも》の国中《くになか》と　大倭日高見国《おおやまとひたかみのくに》を安国《やすくに》と定奉《さだめまつ》り
て　下津磐根《したついはね》に宮柱《みやばしら》太敷立《ふとしきた》て　高天原《たかあまはら》に千木高知《ちぎたかし》りて　皇御孫命《すめみまのみこと》の美頭《みづ》の御舎《みあらか》仕奉《つかへまつ》
りて　天之御蔭《あめのみかげ》日之御蔭《ひのみかげ》と隠坐《かくりま》して　安国《やすくに》と平《たひら》けく知食《しろしめ》さむ国中《くぬち》に　成出《なりい》でむ天之益人《あめのますひと》
等《ら》が　過《あやま》ち犯《おか》しけむ雑雑《くさぐさ》の罪事《つみごと》は　天津罪《あまつつみ》と　畔放《あはなち》　溝埋《みぞうめ》　樋放《ひはなち》　頻蒔《しきまき》　串刺《くしさし》　生剥《いきはぎ》
逆剥《さかはぎ》　屎戸《くそへ》　許許太久《ここだく》の罪《つみ》を天津罪《あまつつみ》と法別《のりわ》けて　国津罪《くにつつみ》と　生膚断《いきはだたち》　死膚断《しにはだたち》　白人《しろひと》　胡久《こく》
美《み》　己《おの》が母犯《ははをか》せる罪《つみ》　己《おの》が子犯《こをか》せる罪《つみ》　母《はは》と子《こ》と犯《をか》せる罪《つみ》　子《こ》と母《はは》と犯《をか》せる罪《つみ》　畜犯《けものをか》せ
る罪《つみ》　昆虫《はふむし》の災《わざはひ》　高津神《たかつかみ》の災《わざはひ》　高津鳥《たかつとり》の災《わざはひ》　畜仆《けものたふ》し　蠱物《まじもの》為《せ》る罪《つみ》　許許太久《ここだく》の罪出《つみい》でむ
如此《かく》出《い》でば　天津宮事《あまつみやごと》以《もち》て　天津金木《あまつかなぎ》を本打切《もとうちき》り末打断《すえうちた》ちて　千座《ちくら》の置座《おきくら》に置《お》き足《たら》はして
天津菅曾《あまつすがそ》を本刈断《もとかりた》ち末刈切《すえかりき》りて　八針《やはり》に取辟《とりさ》きて　天津祝詞《あまつのりと》の太祝詞事《ふとのりとごと》を宣《の》れ
如此《かく》宣《の》らば　天津神《あまつかみ》は天磐門《あめのいはと》を押披《おしひら》きて　天之八重雲《あめのやへぐも》を伊頭《いづ》の千別《ちわ》きに千別《ちわ》きて聞食《きこしめ》

さむ　国津神《くにつかみ》は　高山《たかやま》の末《すゑ》　短山《ひきやま》の末《すゑ》に上坐《のぼりま》して　高山《たかやま》の伊穂理《いほり》　短山《ひきやま》の伊穂理《いほり》を撥別《かきわ》けて聞食《きこしめ》さむ　如此《かく》聞食《きこしめ》してば　皇御孫命《すめみまのみこと》の朝廷《みかど》を始《はじ》めて　天下四方国《あめのしたよものくに》には　罪《つみ》と云《い》う罪《つみ》は在《あ》らじと科戸之風《しなどのかぜ》の天之八重雲《あめのやへぐも》を吹《ふ》き放《はな》つ事《こと》の如《ごと》く　朝《あした》の御霧《みぎり》夕《ゆふべ》の御霧《みぎり》を　朝風《あさかぜ》夕風《ゆふかぜ》の吹掃《ふきはら》ふ事《こと》の如《ごと》く　大津辺《おほつべ》に居《を》る大船《おほぶね》を　舳解《へと》き放《はな》ち艫解《ともと》き放《はな》ちて　大海原《おほうなばら》に押放《おしはな》つ事《こと》の如《ごと》く　彼方《をちかた》の繁木《しげき》が本《もと》を　焼鎌《やきがま》の敏鎌《とがま》以《もち》て打掃《うちはら》ふ事《こと》の如《ごと》く　遺《のこ》る罪《つみ》は在《あ》らじと　祓《はら》へ給《たま》ひ清《きよ》め給《たま》ふ事《こと》を　高山《たかやま》の末《すゑ》　短山《ひきやま》の末《すゑ》より　佐久那太理《さくなだり》に落《お》ちたぎつ　速川《はやかわ》の瀬《せ》に坐《ま》す瀬織津比咩《せおりつひめ》と云《い》ふ神《かみ》　大海原《おほうなばら》に持出《もちい》でなむ　如此持出往《かくもちいでい》なば　荒塩《あらしほ》の塩《しほ》の八百道《やほぢ》の八塩道《やしほぢ》の　塩《しほ》の八百会《やほあひ》に坐《ま》す速開都比咩《はやあきつひめ》と云《い》ふ神《かみ》　持可可呑《もちかかの》みてむ　如此可可呑《かくかかの》みてば　気吹戸《いぶきど》に坐《ま》す気吹戸主《いぶきどぬし》と云《い》ふ神　根国底国《ねのくにそこのくに》に気吹放《いぶきはな》ちてむ　如此気吹放《かくいぶきはな》ちてば　根国底国《ねのくにそこのくに》に坐《ま》す速佐須良比咩《はやさすらひめ》と云《い》ふ神《かみ》　持佐須良比失《もちさすらひうしな》ひてむ　如此失《かくうしな》ひてば　天下四方《あめのしたよも》には　今日《けふ》より始《はじ》めて罪《つみ》と云《い》ふ罪《つみ》は在《あ》らじと　祓《はら》ひ給《たま》へ清《きよ》め給《たま》へと申《まを》す事《こと》の由《よし》を　天津神国津神《あまつかみくにつかみ》　八百《やほ》萬《よろず》の神等共《かみたちとも》に聞食《きこしめ》せと　恐《かしこ》み恐《かしこ》み申《もまを》す

○開運レッスン「光明真言で大開運」

光明真言は非常に重要である。**なぜなら、神仏の強力な加護《かご》を１２０％確信して唱えれば、誰でも霊力が出るからである。**呪文は出家得度《しゅっけとくど》したり、修行しなければ、霊力が出ないものが多い。密教の仏の加護を授かる正式伝授の儀式である伝法灌頂《でんぽうかんじょう》を受け、真心こめて、空海並みの学問をし、修行をしなければ密教の仏は動かないのだが、不思議なことに、光明真言だけは、灌頂《かんじょう》を受けなくとも、真心こめて、真剣に唱えれば、霊力が出るのだ。**ただし、１２０％信じなければ、光明真言の霊力は出ない。**なぜ、密教では灌頂を受け、修行させるのか？　儀式で仏は来るのではない。信じれば来るのだ。来るのだが、人は、大変な修行をしなければ、ありがたみを感じないので、霊力が出ないのだ。

私が30代のときに、**膨大な時間とお金をかけて身につけたことを、相談者に無料で教えたり、安い講演会で話してもいいのか？**　と悩んだことがある。その時に、あるメガバンクのシンクタンクの所長から、**「無料で教えればいい。値段相応にしか、ノウハウは使え**

ないものだ」といわれた。この方は、あるＴＶ局に数十億円（ＴＶ局等は、マーケティング料の名目で支払っている）で助言し、視聴率を１位にした超大物である。（当時、視聴率１位だったＡテレビから、数十億円というはした金で他局に視聴率１位を奪わせた人物である）。同じように、ある自己啓発教材を売っている企業の経営者（長者番付にのった事がある大金持ちである）が、雑誌のインタビューで、「うちの教材が１００万で高いといわれるから、１万円で教材を提供したが売れなかった。残念ながら、売れなかった。１００万の教材と１万の教材を出すと、１万の教材は売れ残る」と答えていた。

あるマーケティングの本には、**商品を売りたければ、値段を下げるのではなく、値段を上げろ**と書いてある。実際に、多くの消費者は、値段が高い方がいいものと錯覚するという心理学の実験結果もあるのだ。

これが、私のノウハウを本で読んでも、ほとんどの読者がきちんと使いこなせない理由である。光明真言の霊力を、ほとんどの読者が引き出せない理由である。１００％確信すれば、光明真言は霊力が出る。**１％でも疑えば、霊力は１００分の１以下になる。９９％の確信で光明真言を唱えると、９９％の霊力が出るのではない。１％の霊力しか出ないのだ。１００％の霊力を出すには、１２０％、信じるしか方法がないのだ。**呪文や真言は、絶対に、神仏が降臨してくるという確信があれば、間違っていても、神仏はテレパシーでわかるのである。光明真言もサンスクリット語からの音訳なので様々なバージョンがあるが、信じて唱えれば、全て霊力が出るのである。

光明真言「おん・あぼきゃ・べいろしゃのう・まかぼだら・まにはんどま・じんばら・はらばりたや・うん」

○開運レッスン「天津祝詞《あまつのりと》秘伝」

天津祝詞《あまつのりと》は、大祓詞の中にある「天津祝詞の太祝詞事を宣れ」の部分の天津祝詞とは、どういう祝詞なのか？　大祓詞そのものを指すのか？　という解釈が国学者により議論され、平田篤胤《ひらたあつたね》によって復元されたものである。国学者の本居宣長《もとおりのりなが》は天津祝詞は、大祓詞のことであるという説を提唱し、神社本庁もその立場を継承した。一方、国学者の平田篤胤は、こんな感じで古代からあったに違いないと考え、篤胤が再現したのが天津祝詞である。神社では、禊詞として使われ、教派神道では、天津祝詞として使われている。

この天津祝詞は、「みそぎの大祓」のルビを一部改訂したものである。読者から、私が実際にどの天津祝詞を使っているか教えて欲しいという質問が多かったので、効果は違わないと思うのだが特別に掲載する）。

高天原《たかあまはら》に神留《かむずまり》坐《ま》す。神魯伎《かむろぎ》神魯美《かむろみ》の詔以《みこともち》て。皇《すめ》御《み》祖神《おやかむ》伊邪那岐《いざなぎ》大神《のおおかみ》。筑紫《つくし》の日向《ひむか》の橘《たちばな》の小戸《をど》の阿波岐原《あわぎがはら》に御禊祓《みそぎはら》へ給《たま》へし時《とき》に生坐《あれませ》る祓戸《はらひど》の大神等《おおかみたち》。諸《もろもろ》の枉事罪穢《まがごとつみけがれ》を拂《はら》ひ賜《たま》へ清《きよ》め賜《たま》へと申《まを》す事《こと》の由《よし》を天津神国津神《あまつかみくにつかみ》。八百萬《やほよろづ》の神等《かみたち》共《とも》に聞食《きこしめ》せと恐《かしこ》み恐《かしこ》み申《もまを》す。

あとがき

早稲田大学には、2千のサークルがあり、その中には名前を言えば、早大生なら誰でもわかる著名なサークルがある。早稲田乞食《わせだこじき》も約40年の歴史を持つミニコミ誌サークルである。「高田馬場には、早大生が三次会で行くSという飲み屋があり、酒を飲まずにSのまずい飯を食べに行った。神田川で獲れた謎の魚も美味しかった。隣のA寿司も美味しくなった。」という今の時代なら名誉毀損で訴訟を起こされるような記事を載せていたミニコミ誌である。

この本のお話を早稲田大学の大先輩である青林堂の蟹江社長から頂戴したわけだが、蟹江先輩は、早稲田乞食の創刊初期のメンバーである。そして、私は農林水産省の生産局で政治家と喧嘩したり、法律や国会答弁を書いたりしていたのだが、日本のトマト王と呼ばれる蟹江一太郎《かにえいちたろう》翁が、西洋野菜の栽培やトマト・ケチャップ、トマト・ジュース等の販売を明治時代に日本に普及され、実業家として有名な大企業も設立された。日本のトマト王である蟹江翁の曾孫にあたるのが蟹江先輩である。今回、少し不思議なテーマの本を書かせていただいた。人間というのは、不思議なご縁で、繋がっていること。また、前世、今世、来世で、帳尻あわせができるように、人間の運命はできていることを強く実感した次第である。

最後に、この本を買ってくださったご縁がある方が大開運することを強く願う。また、**この本は、他人に絶対に貸し出さないで欲しい。本の持ち主の開運を本を媒介にして私が祈るので、本を貸し出されると、貸した相手の念が本に入ってしまうからである。**私の本を職場や家族、友人等に貸して、布教してくださっている読者が多くおり感謝しているが、布教用はもう1冊買って、布教用と自分用の本をわけて欲しいのである。ちなみに布教用セットは、青林堂の通販で10冊、100冊、1000冊セットで販売予定である。

謝辞。青林堂の蟹江幹彦社長と渡辺レイ子さんには大変、お世話になった。改めて深く感謝申し上げる。

令和二年二月吉日

林雄介拝

○林雄介の大開運する相談券と大開運メッセージ等のプレゼント

本書を買ってくださった方に、抽選で著者の林雄介の相談券をプレゼントさせていただく。毎年6月1日、12月1日と半年に一回ずつ、この本が絶版になるまで、相談券のプレゼントは続けようと思う。

○A賞　林雄介の無料相談券。メールか書面で著者が直接回答させていただく、相談は1回限りで、当選者は毎回1名である。

○B賞　大開運絵手紙、大開運メッセージ。当選者は毎回5名である。

応募方法は、応募券を切り取り、官製はがきに貼って、〒150—0002、東京都渋谷区3—7—6　株式会社青林堂「大開運・林雄介相談係」までお送りいただきたい。①氏名（フリガナ）。②住所　③年齢　④メールアドレス。⑤A賞かB賞、どちらか希望するものを書き、応募券をしっかり糊とセロテープで貼って送って欲しい。2口以上応募される場合は、応募券は、1口ずつ応募していただきたい。A賞の当選者には、抽選日から1ヶ月以内に、著者から直接メールさせていただく。B賞は、当選日以降にお名前を拝見し、書かせていただき発送する。なお、開運画やメッセージは、他人に見せると効力が落ちるので、見せない方がいい。ＳＮＳに投稿した場合、ほぼ効果はなくなる。

○青林堂ＨＰで『大開運』（布教セット）販売予定

読者からの開運セミナーもやって欲しいという声に応え、青林堂の御善意で「林雄介布教セット」が青林堂限定で販売予定である。10冊セット、１００冊セット、**１０００冊セット、１万冊セット**等には「**林雄介教信者証明書**」や「**大開運セミナー招待券**」等の超豪華特典付きで予約販売する予定である。私のブログや青林堂のＨＰでこっそり告知するので楽しみにしていてほしい。

青林堂ＨＰ　http://www.garo.co.jp

通信販売　http://japanism.cart.fc2.com/

林雄介大開運応募券

著者の林雄介の略歴

「教祖の教祖」と呼ばれる謎の人物である。多くの政財界人、宗教家、占い師やスピリチュアリストから相談が持ち込まれる反面、政財界人からも「何をやっているのか？　正体不明」といわれている人物である。早稲田大学政治経済学部経済学科、早稲田大学大学院（経済学修士）。欧米のディプロマミルから5つの**「経済学博士、経営学博士、心理学博士、哲学博士（2大学）」**と**「政治学教授、教育学教授、社会学教授」**を授与されるが、世界大学ランキングに入っている本物の国立大学の学位が複数含まれているため公表できずにいる。早稲田大学在学中に国家公務員Ｉ種試験に合格し、農林水産省に採用されたキャリア官僚であり、競馬監督課や食肉鶏卵課、飼料課等で天下りと食肉補助金等の表に出せない仕事と国会答弁、法律案、予算案、質問主意書作成等の表に出せる官僚の仕事を経験する。かつての2大政党の両方から、**衆議院議員候補、参議院議員予備候補として擁立されかけた黒歴史を持つ（出馬辞退）**。作家・評論家でもあり、日本文藝家協会、日本ペンクラブ（国際ペン）等の会員である。１００人以上の与野党政治家のマニフェスト等を執筆し、裏選対の選挙参謀も多数手がけてきた。宗教法人からの相談、スピリチュアル教室の経営相談も多く手がけ、本当に何をやっているのか？　よくわからない人物である。

著書・「魔法の経済学」、「スキルアップ経済学超入門」（翔雲社）。「霞ヶ関の掟・官僚の舞台裏」（日本文芸社）。「省庁のしくみがわかると政治がグンと面白くなる」、「図解雑学・政治のしくみ（日本図書館協会選定図書）」、「図解雑学・よくわかる省庁のしくみ（日本図書館協会選定図書、全国学校図書館協議会選定図書）」（ナツメ社）。「絶対わかる法令・条例実務入門」、「絶対スキルアップする公務員の勉強法」、「公務員の教科書（算数・数学編）」、「ニッポンの農業（日本図書館協会選定図書、全国学校図書館協議会選定図書）」、「政治がわかる・はじめての法令・条例・政策立案入門」（ぎょうせい）。「政治と宗教のしくみがよくわかる本（日本図書館協会選定図書）」、「宗教で得する人、損する人」（マガジンランド）。「言葉の知恵・知識事典」（共著）。漫画原作「しおき華」（週刊漫画ゴラク原作者）。「この通りにすれば受験にうかる」（たちばな出版）他多数。

○林雄介のアメブロ：https://ameblo.jp/yukehaya22
○林雄介のライブドア・ブログ：http://blog.livedoor.jp/yukehaya/
○林雄介のＦＡＣＥＢＯＯＫ：https://www.facebook.com/yukehaya

大開運

令和2年 2月8日 初　版　発　行
令和5年11月1日 第 3 版 発 行

著者　林　雄介
発行人　蟹江幹彦
発行所　株式会社　青林堂
〒150-0002　東京都渋谷区渋谷3-7-6
電話　03-5468-7769
装幀　TSTJ Inc.
印刷所　中央精版印刷株式会社

Printed in Japan

ISBN 978-4-7926-0670-1